MIX
Papier aus verantwortungsvollen Quellen
Paper from responsible sources
FSC® C105338

Christian Fritzen

Gastarbeiter in der Bundesrepublik Deutschland

Eine moralökonomische Analyse am Beispiel von Saisonarbeitern in der Landwirtschaft

Bachelor + Master Publishing

Fritzen, Christian: Gastarbeiter in der Bundesrepublik Deutschland: Eine
moralökonomische Analyse am Beispiel von Saisonarbeitern in der Landwirtschaft,
Hamburg, Bachelor + Master Publishing 2013
Originaltitel der Abschlussarbeit: Gastarbeiter in der Bundesrepublik Deutschland – Eine
moralökonomische Analyse am Beispiel von Saisonarbeitern in der Landwirtschaft

Buch-ISBN: 978-3-95549-160-4
PDF-eBook-ISBN: 978-3-95549-660-9
Druck/Herstellung: Bachelor + Master Publishing, Hamburg, 2013
Zugl. Universität Hohenheim, Hohenheim, Deutschland, Bachelorarbeit, Oktober 2012

Bibliografische Information der Deutschen Nationalbibliothek:
Die Deutsche Nationalbibliothek verzeichnet diese Publikation in der Deutschen
Nationalbibliografie; detaillierte bibliografische Daten sind im Internet über
http://dnb.d-nb.de abrufbar.

Das Werk einschließlich aller seiner Teile ist urheberrechtlich geschützt. Jede Verwertung außerhalb der Grenzen des Urheberrechtsgesetzes ist ohne Zustimmung des Verlages unzulässig und strafbar. Dies gilt insbesondere für Vervielfältigungen, Übersetzungen, Mikroverfilmungen und die Einspeicherung und Bearbeitung in elektronischen Systemen.

Die Wiedergabe von Gebrauchsnamen, Handelsnamen, Warenbezeichnungen usw. in diesem Werk berechtigt auch ohne besondere Kennzeichnung nicht zu der Annahme, dass solche Namen im Sinne der Warenzeichen- und Markenschutz-Gesetzgebung als frei zu betrachten wären und daher von jedermann benutzt werden dürften.

Die Informationen in diesem Werk wurden mit Sorgfalt erarbeitet. Dennoch können Fehler nicht vollständig ausgeschlossen werden und die Diplomica Verlag GmbH, die Autoren oder Übersetzer übernehmen keine juristische Verantwortung oder irgendeine Haftung für evtl. verbliebene fehlerhafte Angaben und deren Folgen.

Alle Rechte vorbehalten

© Bachelor + Master Publishing, Imprint der Diplomica Verlag GmbH
Hermannstal 119k, 22119 Hamburg
http://www.diplomica-verlag.de, Hamburg 2013
Printed in Germany

Zusammenfassung

Die zugrunde liegende Arbeit thematisiert in erster Linie die Saisonarbeiterbeschäftigung in der Bundesrepublik Deutschland. Die Zielsetzung der hierfür durchgeführten Untersuchung bestand darin, die temporäre Migration aus einem ökonomischen und einem moralischen Blickwinkel zu betrachten. Es wird analysiert inwieweit moralische Aspekte in der Beschäftigung der Saisonarbeiter Einzug finden. Hier wurde unter anderem untersucht, inwieweit die Wohnverhältnisse der Saisonarbeiter menschenwürdigen Ansprüchen genügen, inwieweit die Saisonarbeiter in den Betrieben integriert sind und ob die Lohnzahlungen an die Arbeiter moralisch gerechtfertigt sind. Der ökonomische Blickwinkel hinterfragte ob alternative Lösungsmöglichkeiten zur Saisonarbeiterbeschäftigung vorliegen und ob Saisonarbeiter möglicher Weise heimische Arbeitsplätze verdrängen. In diesem Zusammenhang wurde auch hinterfragt ob die deutsche Landwirtschaftsproduktion ohne Saisonarbeitnehmer im globalen Wettbewerb bestehen kann. Darüber hinaus wurden die sozialen Strukturen der Wanderer analysiert und hinterfragt welche Motivationen aus Arbeitgeber- und Arbeitnehmersicht zu Wanderungen führen. Die Untersuchungen stützen sich auf anonym durchgeführte Befragungen bei 25 landwirtschaftlichen Betrieben.

Inhaltsverzeichnis

Abbildungsverzeichnis

Tabellenverzeichnis

Abkürzungsverzeichnis

1. Einleitung _____ 1
2. Grundlegende Begriffsbestimmungen _____ 4
   2.1 Gastarbeiter, Fremdarbeiter, Grenzarbeiter oder Saisonarbeiter ? _____ 4
   2.2 Assimilation, Akkulturation und Integration _____ 5
3. Historie der Ausländerbeschäftigung und Ausländerpolitik in Deutschland _____ 8
4. Theorieangebote der Migrationsforschung _____ 14
   4.1 Das Assimilationsmodell nach Esser _____ 14
   4.2 Das Unterschichtungsmodell nach Hoffmann-Nowotny _____ 16
   4.3 Das Modell ethnischer Kolonien nach Heckmann _____ 17
   4.4 Die Formen internationaler Migration _____ 18
5. Aspekte der Wanderbewegungen von temporärer Arbeitsmigration _____ 20
   5.1 Wanderungsmotivationen aus Arbeitgebersicht _____ 21
   5.2 Wanderungsmotivationen aus Arbeitnehmersicht _____ 23
6. Die sozialen Strukturen der Beschäftigten _____ 26
   6.1 Geschlechterverteilung und Familienstand der Saisonarbeitnehmer _____ 27
   6.2 Sprachkenntnisse der Saisonarbeitnehmer _____ 28
   6.3 Loyalität zwischen Arbeitgebern und Arbeitnehmern _____ 29
   6.4 Berufsgruppen und Altersklassen der Saisonarbeitnehmer _____ 31
   6.5 Rekrutierung der Saisonarbeitnehmer _____ 33
7. Moralische Bedenken bei der Saisonarbeitnehmerbeschäftigung _____ 35
   7.1 Saisonarbeiterlöhne im Zwiespalt zwischen Wettbewerbsdruck und Moral _____ 36
      7.1.1 Lohnzufriedenheit der Saisonarbeitnehmer _____ 38
      7.1.2 Löhne im Vergleich zum Arbeitspensum der Saisonarbeitnehmer _____ 40
      7.1.3 Auswirkungen der Saisonarbeiterbeschäftigung auf das Inländereinkommen _____
   7.2 Das generelle Problem der Vorurteile innerhalb der Saisonarbeitnehmerbeschäftigung _____ 43

7.3 Wohnverhältnisse der Saisonarbeitnehmer _____ 44

7.4 Integration der Saisonarbeitnehmer _____ 47

8. Gibt es Alternativen zur Saisonarbeitnehmer-beschäftigung? _____ 49

9. Schluss _____ 53

Literaturverzeichnis_____ 56

Abbildungsverzeichnis

Abbildung 1: Arbeitsleistung der Saisonarbeiter im Vergleich zu Inländern.............22

Abbildung 2: Herkunftsländer der Saisonarbeiter..27

Abbildung 3: Familienstand der Saisonarbeitnehmer 28

Abbildung 4: Sprachkenntnisse der Saisonarbeitnehmer..28

Abbildung 5: Häufigkeiten der Wanderungsbesuche über die Jahre hinweg...........30

Abbildung 6: Dauer der Wanderungsbesuche pro Saison.......................................31

Abbildung 7: Berufliche Stellungen der Saisonarbeiter im Heimatland....................32

Abbildung 8: Altersklassen der Saisonarbeiter 33

Abbildung 9: Fassweinpreise und Vollkostendeckung in RLP..................................36

Abbildung 10: Häufigkeiten der Lohnzahlungen über dem Mindestlohn..................38

Abbildung 11: Lohnzufriedenheit der Saisonarbeitnehmer......................................39

Abbildung 12: Bonuszahlungen an Saisonarbeiter..39

Abbildung 13: Arbeitsleistungen der Saisonarbeiter pro Tag...................................40

Abbildung 14: Arbeitsleistung der Saisonarbeiter in Wochentagen 41

Abbildung 15: Angemessenheit der Löhne aus Arbeitgebersicht 42

Abbildung 16: Mietzahlungen der Saisonarbeiter..46

Abbildung 17: Unterbringung der Saisonarbeiter..46

Abbildung 18: Verpflegung der Saisonarbeiter...47

Abbildung 19: Produktionsaufrechterhaltung bei einem Beschäftigungsverbot........50

Abbildung 20: Aufrechterhaltung der Wettbewerbsfähigkeit ohne Saisonarbeiter....51

Abbildung 21: Kompensation fehlender Saisonarbeiter durch masch. Einsatz........51

Tabellenverzeichnis

Tabelle 1: Beschäftigte ausländische Arbeitnehmer in der BRD und West-Berlin 1959-1969 11

Tabelle 2: Vier Idealtypen von Migranten 19

Tabelle 3: Arbeitserlaubnisverfahren für ausländische Saisonarbeiternehmer in der Landwirtschaft, geschlüsselt nach den Herkunftsländern, 2006-2010 20

Tabelle 4: Anlass der Arbeitsaufnahme polnischer Saisonarbeitnehmer auf einem Erdbeerhof 24

Abkürzungsverzeichnis

Besch.	Beschäftigte
BRD	Bundesrepublik Deutschland
bspw.	beispielsweise
EU	Europäische Union
FH	Fachhochschule
masch.	maschinellen
m.E.	meines Erachtens
MT f. W,V,LW und WB	Ministerium für Wirtschaft, Verkehr, Landwirtschaft und Weinbau
ZAV	Zentrale Auslands- und Fachvermittlung

1. Einleitung

„Lieber als Arbeitsloser in Deutschland leben,
denn als Arbeitender in Rumänien!" [1]

Mit dieser These beschrieb der Tagespiegel im Juli 2012 die Landesloyalität der Rumänen im Hinblick auf das damals bevorstehende Referendum zwecks einer Amtsenthebung ihres Präsidenten Traian Basescu. Die Bundesrepublik Deutschland ist nach wie vor ein Einwanderungsland. Ende des Jahres 2011 lebten circa 6,93 Millionen Personen in der Bundesrepublik, die eine ausschließlich ausländische Staatsangehörigkeit besaßen. In jüngster Vergangenheit hatten vor allem die neuen EU-Mitgliedsstaaten einen erheblichen Anteil am hiesigen Ausländerzuwachs. 2011 wuchsen die Ausländeranteile der dauerhaften Migranten aus Polen um 49.000, die der Rumänen um 32.700, die der Bulgaren um 19.000 und die der Ungarn um 13.900 Personen an.[2] Aber was macht die Bundesrepublik für viele Ausländer so attraktiv? Warum sind so viele Ausländer bereit nach Deutschland auszuwandern? Sind es nur ökonomische Gründe? Das Hauptaugenmerk dieser Arbeit untersucht vor diesem Hintergrund vor allem die Wanderungsmotivationen der temporären Migranten, also der Saisonarbeiter. Jahr für Jahr wandern tausende Menschen in die Bundesrepublik um sich in wenigen Wochen ein Zubrot zu verdienen. Aber nicht nur aus Sicht der temporären Migranten scheinen Wanderungen attraktiv zu sein. Auch die deutschen Arbeitgeber, vor allem die Betriebe aus der Landwirtschaft, sind ständig auf der Suche nach Saisonarbeitnehmern. In diesem Zusammenhang wird neben den ökonomischen Aspekten vor allem auf die moralischen Aspekte der Saisonarbeiterbeschäftigung eingegangen. Bei der Beschäftigung von Erntehelfern kommt es häufig zu ethischen Konflikten in verschiedenen Konstellationen. Dies können unter anderem die Arbeitgeber-Arbeitnehmer Beziehungen oder die Beziehungen zwischen Politik, Gewerkschafts- und Arbeitgeberseite sein. Häufige Diskussionspunkte sind die Unterbringungen der Saisonarbeiter, die fehlende Integration derer oder die Lohnpolitik der hiesigen Arbeitgeber. Die Unterbringungen der Saisonarbeiter werden in der Öffentlichkeit häufig als menschenunwürdig dargestellt und die Lohnzahlungen der Arbeitgeber werden des öfteren als „Hungerlöhne" betitelt. Im Verlauf dieser Arbeit wird der Versuch unternommen, aufzuzeigen, inwieweit diese Behauptungen haltbar sind. Die hier zugrunde liegenden Untersuchungen stützen

---
[1] KREMM (2012)
[2] Vgl. STATISTISCHES BUNDESAMT (2012)

sich dabei auf anonym durchgeführte Befragungen bei 25 landwirtschaftlichen Betrieben, die überwiegend dem Weinbau an der Mosel zuzuordnen sind.

Zu Beginn der Arbeit wird der nach heutiger Auffassung geltende Begriff des Saisonarbeiters gegenüber dem des Gastarbeiters abgegrenzt. Des Weiteren werden die Unterschiede von Integration, Assimilation und Akkulturation erläutert. Um aufzuzeigen wie sich die Saisonarbeiterbeschäftigung in der Bundesrepublik innerhalb der gesamten Ausländerbeschäftigung entwickelt hat, wird im weiteren Verlauf auf die heimische Ausländer-Historie eingegangen. Hier wird vor allem gezeigt, dass die Probleme, die Ausländerbeschäftigungen mit sich bringen, nicht nur von aktueller Natur sind, sondern schon seit jeher bestehen. Neben der Historie der Beschäftigung wird auch in kurzen Auszügen auf die Geschichte der Ausländerpolitik eingegangen und gezeigt, mit welchen politischen Mitteln versucht wurde, die Beschäftigung von Ausländern, insbesondere in der Landwirtschaft, zu lenken und die sich mitbringenden Probleme einzudämmen. In Abschnitt vier werden verschiedene Theorieangebote der Migrationsforschung vorgestellt. Die Modelle unternehmen alle drei den Versuch aufzuzeigen, wie die gesellschaftliche Integration von Migranten abläuft und welche Faktoren für eine vollständige Integration entscheidend sind. Bevor daraufhin die praktischen Ergebnisse der Untersuchungen vorgestellt werden, soll mittels dieser Modelle, auch im Hinblick auf den weiteren Verlauf der Arbeit, aufgezeigt werden, wie eng die moralischen Aspekte der Saisonarbeiterbeschäftigung mit der Integration der Saisonarbeitnehmer - vor allem deren betrieblichen Integration- verknüpft sind. Im Weiteren Verlauf dieser Arbeit wird aufgezeigt, wie wichtig die Arbeitgeber-Arbeitnehmer-Beziehung, die sich unter anderem in den Wohnverhältnissen und den Lohnzahlungen widerspiegelt, für eine erfolgreiche Integration der Wanderer ist. In Abschnitt fünf werden Beweggründe vorgestellt, die Migranten zu Wanderungen motivieren. Um dies vollständig aufzuzeigen können, bedarf es zweierlei Sichtweisen: Zum einen geschieht dies aus Sicht der Arbeitgeber und zum anderen aus Sicht der Arbeitnehmer. Die Wanderungsgründe sind vielschichtig und häufig unterschiedlicher Natur. Neben dem ökonomischen Hauptgrund aus Arbeitnehmersicht „Geld verdienen" und aus Arbeitgebersicht die niedrigeren Lohnkosten im Vergleich zu inländischen Arbeitnehmern, werden auch andere Wanderungsmotivationen, wie beispielsweise langjährige Verbundenheiten zwischen Arbeitgebern und Arbeitnehmern erläutert. Darauf aufbauend werden die gesammelten Ergebnisse der durchgeführten Befragungen dargelegt. Diese geben unter anderem Auskunft darüber wie viele Saisonarbeiter die Betriebe beschäftigen, woher diese stammen, welche familiären Hintergründe diese haben, welches Alter vorliegt, welcher Beruf im Heimatland erlernt wurde, wie die Geschlechterverteilung aussieht und wie häufig die entsprechenden Saisonarbeiter angestellt werden. Des Weiteren wird ein Einblick in die Lohnpolitik der Arbeitgeber gewährt. Die Arbeitgeber wurden unter anderem dazu befragt ob sie höhere Löhne als den vorgeschriebenen Mindestlohn zahlen und ob sie im Zuge dessen ihren ausbezahlten Lohn als gerecht empfinden. Neben den Löhnen wurden die Arbeitgeber auch zur Unterbringung der Saisonarbeitnehmer befragt. In diesem Zusammenhang wurden die Betriebe dazu befragt ob die Beschäftigten Miete zahlen müssen, ob diese kostenlos verpflegt werden und ob sich die Saisonarbeiter selbst um Ihre Unterkunft kümmern müssen. Darüber hinaus wird zum einen die Vorurteilsproblematik erläutert, die die Saisonarbeiterbeschäftigung mit sich bringt und zum anderen wird aufgezeigt inwieweit die Saisonarbeiter in den entsprechenden Betrieben und deren Umwelt integriert werden. Zum Abschluss der Arbeit wird untersucht ob Alternativen zur Saisonarbeiterbeschäftigung, wie beispielsweise das Anstellen von inländischen Arbeitnehmern oder der Umstieg auf maschinellen Einsatz, vorliegen und inwiefern die deutsche Landwirtschaft ohne die Saisonarbeiter im globalen Wettbewerb bestehen kann. Des Weiteren wird der Versuch unternommen einen Ausblick auf die sich kommende Entwicklung in der Saisonarbeiterbeschäftigung zu werfen.

2. Grundlegende Begriffsbestimmungen

2.1 Gastarbeiter, Fremdarbeiter, Grenzarbeiter oder Saisonarbeiter?

Wenn von ausländischen Arbeitnehmern in der Landwirtschaft die Rede ist, werden häufig verschiedene Begriffe für diese verwendet, die allerdings verschiedene Bedeutungen haben. Unter anderem werden hier häufig die Begriffe Gastarbeiter, Fremdarbeiter, Saisonarbeitern und Grenzarbeiter verwendet. Die populärste Bezeichnung im Volksmund ist wohl die des Gastarbeiters. Historisch betrachtet werden als Gastarbeiter diejenigen Arbeitnehmer bezeichnet, die die erste große Phase der Arbeitsmigration in der Bundesrepublik Deutschland durchlaufen haben.[3] Dies sind diejenigen Arbeiter, die im Rahmen der ersten Anwerbeabkommen Anfang der 1960er Jahre die Bundesrepublik Deutschland zwecks kurzfristiger Arbeitsaufnahme besuchten. „Dagegen werden [nach heutiger Begriffsauffassung] unter Gastarbeitnehmern ausländische Fachkräfte verstanden, die in Deutschland ihre beruflichen und sprachlichen Kenntnisse erweitern wollen."[4] Eine weitere häufig verwendete Bezeichnung ist die des Grenzarbeitnehmers. Hierunter werden die Arbeitnehmer verstanden, die aufgrund von Beschäftigungsabkommen zwischen Deutschland und grenznahen Gebieten, wie zum Beispiel aus Polen oder der Tschechischen Republik, die Bundesrepublik besuchen. Diese Arbeitnehmer können hier eine Arbeitserlaubnis beantragen, wenn sie täglich in ihr Heimatland zurückkehren oder höchstens zwei Tage pro Woche in Deutschland arbeiten.[5] Bis 1962 wurden die ausländischen Arbeiter in der Öffentlichkeit als Fremdarbeiter bezeichnet.[6] Da der Begriff durch den Gebrauch während der Zeit des Nationalsozialismus allerdings negativ konnotiert wurde und andere bzw. falsche Assoziationen hervorrufen kann, wird er in der heutigen Zeit, außer in der Schweiz, nicht mehr verwendet.[7] Der Begriff des Saisonarbeitnehmers, auf den sich diese Arbeit vordergründig konzentriert, bezeichnet diejenigen Arbeitnehmer, die auf individueller Basis eine zeitlich begrenzte Beschäftigung in der Bundesrepublik Deutschland aufnehmen können.[8] Als Saisonarbeitnehmer werden also die Personen bezeichnet, die für eine bestimmte Zeit, allerdings länger als zwei Tage pro Woche, die Bundesrepublik zur Arbeitsaufnahme besuchen und nach einem festgelegten Zeitfenster, dem der maximalen Arbeitsdauer, Deutschland wieder verlassen.

---

[3] Vgl. Treibel (1990), S. 116
[4] Dietz (2004), S. 2
[5] Vgl. Dietz (2004), S. 2
[6] Vgl. Borrelli in Borelli, Spremberg u. Spremberg (1973), S. 17
[7] Vgl. Schrettenbrunner (1971), S. 19
[8] Vgl. Dietz (2004), S. 2

2.2 Assimilation, Akkulturation und Integration

Um die Eingliederung eines Individuums in eine soziale Umwelt zu beschreiben, werden verschiedene Begriffe wie Assimilation, Akkulturation oder Integration verwendet. Die inhaltliche Ausfüllung dieser Begriffe hat sich zumeist an den individuellen konkreten Problemkreisen zu orientieren.[9] Allgemein gehalten versteht man unter Integration die Einfügung oder Eingliederung in ein Ganzes bzw. die Anpassung oder Angleichung an etwas Ganzes.[10] Im Folgenden wird der Integrationsbegriff zunächst für den Problemkreis der Arbeitgeber-Arbeitnehmer-Beziehung konkretisiert. Arbeitgeber und Arbeitnehmer finden im „Betrieb" zusammen. Unter einem Betrieb wird eine planvoll organisierte Wirtschaftseinheit verstanden in der Sachgüter bzw. Dienstleistungen mit Hilfe von Produktionsfaktoren hergestellt und abgesetzt werden.[11] Zu den elementaren Produktionsfaktoren wird die menschliche Arbeit als Humanfaktor hinzugezählt.[12] Die menschliche Arbeit, im klassischen Sinne, wird durch den Arbeitgeber in der Unternehmensleitung und durch die untergeordneten Arbeitnehmer verrichtet. Betriebe umfassen daher in der Regel eine größere Anzahl von Personen durch deren Arbeit der Output der Unternehmung realisiert wird. Wenn man den Integrationsbegriff auf den Betrieb projiziert, wird hierunter meist das effiziente Zusammenwirken der Mitarbeiter verstanden. Hierunter fallen dann Problembereiche, wie das Zurechtkommen mit der Arbeitssituation oder die interpersonalen Beziehungen wie die gegenseitige Akzeptanz unter den Mitarbeitern. Betriebliche Integration bedeutet dann vordergründig das Integriert Sein in eine Arbeitsgruppe innerhalb des Betriebes. Die betriebliche Integration der Arbeitnehmer umfasst dann zwei Komponenten. Zum einen die Zufriedenheit des Arbeitnehmers mit der eigenen Situation, die durch eine soziale Dimension (Beziehungen zu Kollegen oder Vorgesetzten) und eine sachliche Dimension (wie die Arbeitsplatzumgebung oder Arbeitsanforderungen) gekennzeichnet ist und zum anderen die Zufriedenheit der übrigen Arbeitnehmer mit dem betrachteten Arbeitnehmer. Ein Arbeitnehmer ist also dann betrieblich integriert, wenn seine Forderungen an die Arbeit und an die ihn betreffenden Kollegen bzw. Vorgesetzten erfüllt sind. Umgekehrt muss der betreffende Arbeitnehmer die Forderungen erfüllen die er von seiner Arbeit, seinen Kollegen und Vorgesetzten gestellt bekommt.[13] Neben dem klassischen Integrationsbegriff verwendet die Sozialwissenschaft auch weitere Begriffe wie unter anderem die Akkultu-

---

[9] Vgl. GAUGLER UND WEBER IN REIMANN/REIMANN (1987), S.117 f.
[10] Vgl. KUSHUTANI (2007), S. 2
[11] Vgl. TÖPFER (2005), S. 78
[12] Vgl. PETERS, BRÜHL UND STELLING (2005), S.122 f.
[13] Vgl. GAUGLER UND WEBER IN REIMANN/REIMANN (1987), S. 118

ration und die Assimilation. Eine der ersten Definitionen zur Akkulturation wurde von den Anthropologen Redfield, Linton und Herskovits begründet:

> *„Acculturation comprehends those phenomena which result when groups of individuals having different cultures come into continuous first-hand contact, with subsequent changes in the original cultural patterns of either or both groups."*[14]

Es existieren heute allerdings mehrere Definitionen zum Akkulturationsbegriff und es entstehen bei der Begriffsverwendung häufig Unklarheiten und Widersprüche. Zum einen wird hierdurch das Ergebnis von Kulturkontakten und zum anderen der Prozess dorthin selbst beschrieben.[15] Zusammenfassend und übergeordnet kann hier festgehalten werden, dass es sich bei der Akkulturation um Prozesse handelt, die das Zusammenstoßen von Individuen verschiedener Kulturen beschreiben.[16] Der Soziologe Hartmut Esser versteht die Akkulturation als einen Vorgang der vor der Assimilation stattfindet.[17] Er bezeichnet Akkulturation als einen Lernvorgang bei Personen, durch den diese Verhaltensweisen und Orientierungen übernehmen, die mit bestimmten kulturellen Standards von Teilen des Aufnahmesystems übereinstimmen. Unter Assimilation versteht Esser den Zustand der Ähnlichkeit des Migranten in Handlungsweisen, Orientierungen und interaktiver Verflechtung zum Aufnahmesystem.[18] Die Voraussetzungen hierfür bilden sowohl individuelle Handlungsentscheidungen des Migranten, als auch gesellschaftliche Strukturen. In diesem Zusammenhang wird auch zwischen personaler und relationaler Assimilation unterschieden. Die personale Assimilation umfasst die kognitive und die identifikative Assimilation während die relationale Assimilation die soziale und strukturelle Assimilation beinhaltet.[19] Die Assimilations-Definition, welche den Stand der gegenwärtigen Forschung widerspiegelt, stammt vom amerikanischen Soziologen John Milton Yinger. Er beschreibt die Assimilation als einen Prozess der Entgrenzung, der erfolgen kann, wenn Mitglieder von zwei oder mehreren Gesellschaften oder kleineren kulturellen Gruppen aufeinander treffen. Wird Assimilation als abgeschlossener Prozess betrachtet, ist sie demnach die Vermischung von vormals unterscheidbaren soziokulturellen Gruppen zu einer Einzigen. Wird sie jedoch als Variable angesehen, stellt Yinger fest, dass Assimilation von den bescheidensten Anfängen von Interakti-

---

[14] REDFIELD, LINTON UND HERSKOVITS (1936), p. 258
[15] Vgl. SABIC (2006), S. 4
[16] Vgl. ROHMANN (2003), S. 13
[17] Vgl. AUMÜLLER (2009), S.108
[18] Vgl. ESSER (1980), S. 21 f.
[19] Die vorbezeichneten Begriffe werden im Rahmen des Assimilationsmodells nach Esser in Abschnitt 3.1. dieser Arbeit näher erläutert.

on und kulturellem Austausch bis hin zur gründlichen Verschmelzung der betreffenden Gruppen reichen kann." [20]

---

[20] Vgl. YINGER (1981), S. 249 ff.

3. Historie der Ausländerbeschäftigung und Ausländerpolitik in Deutschland

Die ersten größeren Wanderbewegungen von ausländischen Arbeitern nach Deutschland konnten schon Ende des 19. Jahrhunderts beobachtet werden. Gerade in der Landwirtschaft der preußischen Ostgebiete fanden die ersten größeren Wanderungen statt. Durch erhöhte Konkurrenz, vor allem aus den USA, wurde deutlich, dass die ostelbische Landwirtschaft wenig leistungsfähig und ineffektiv war. Hinzu kam, dass sich die Reichsbevölkerung sehr rasch vergrößerte, die deutsche Landwirtschaft aber aufgrund ihrer strukturellen Defizite keine weiteren Arbeitsplätze schaffen konnte. Die Agrarkrise und der Bevölkerungswachstum führten dazu, dass immer größer werdende Teile der ostelbischen Landarbeiterbevölkerung in die industrialisierten Regionen des preußischen Westens oder ins Ausland abwanderten. In Folge dessen gingen Anfang der 1880er Jahre viele Gutsbesitzer dazu über, vermehrt Arbeitskräfte aus Polen anzuwerben.[21] Die Polen Österreichs und Russlands nahmen vermehrt Arbeitsplätze der deutschen Tagelöhner ein, welche begannen in besser bezahlte westliche Anstellungsverhältnisse abzuwandern.[22] In dieser Zeit begann auch der Konflikt zwischen wirtschaftlichen und politischen Interessen, der auch bis heute in jeder Debatte um die Beschäftigung von ausländischen Arbeitern bestimmend ist. Aufgrund dieses Konfliktes, der sich vor allem in der Angst um die „Polonisierung" von weitgehenden Landstrichen zeigte, setzte die preußische Regierung 1885 erhärtete Maßnahmen gegen die Zuwanderung ausländisch-polnischer Arbeiter durch.[23] Schnell wurde allerdings deutlich, dass die Beschäftigung ausländischer Arbeiter von essentieller Bedeutung für den Erhalt der Wettbewerbsfähigkeit der deutschen Landwirtschaft war. Somit wurde im Herbst 1890 die Beschäftigung von ausländisch-polnischen Arbeitskräften wieder zugelassen. Dies galt allerdings nur für die Landwirtschaft. Die Beschäftigung von auslandspolnischen Arbeitern wurde für die Industriezweige in den preußischen Westprovinzen explizit ausgeschlossen. Die gute konjunkturelle Entwicklung in dieser Zeit führte allerdings dazu, dass immer mehr Industriezweige gegen Karenzzeit und Beschäftigungsverbote verstießen und demnach illegal Ausländer beschäftigten. Obwohl die preußische Regierung wusste, dass viele Werke ohne ausländische Beschäftigte in immense Existenznöte geraten könnten, wurde die ablehnende Haltung gegenüber diesen im Großen beibehalten.[24] Eine Ausnahme bildeten die sogenannten „Ruhrpolen". Unter

---
[21] Vgl. HERBERT (2001), S. 14 ff.
[22] Vgl. BORRELLI IN BORELLI, SPREMBERG U. SPREMBERG (1973), S. 14
[23] Vgl. HERBERT (2001), S. 15-16
[24] Vgl. HERBERT (2001), S. 45-46

dieser Bezeichnung wurden die Arbeiter verstanden, die aus dem preußischen Teil Polens stammten und demnach die preußisch-deutsche Staatsbürgerschaft besaßen. Hier betrieben die Behörden eine andere Politik als gegenüber allen anderen Ausländern. Das Bestreben der Behörden bestand darin, dass aus den Ruhrpolen bald und restlos „Deutsche würden". Vor allem die Schwerindustrie begann seit den 1890er Jahren aufzublühen und lenkte demnach Massenwanderungen aus den Ostprovinzen von der Überseewanderung in eine deutsche Binnenwanderung um. Bis zum Beginn des ersten Weltkrieges siedelten circa zwei Millionen Menschen, vor allem ins Ruhrgebiet, um.[25] Mit Beginn des ersten Weltkrieges gewann eine andere Form der Beschäftigung von ausländischen Arbeitern an Bedeutung, nämlich die Zwangsarbeit. Das preußische Kriegsministerium hielt in dieser Zeit dazu an, die russisch-polnischen Saisonarbeitnehmer an einer Rückkehr in ihre Heimatländer zu hindern und diese mindestens bis zur Einbringung der Ernte weiter zu beschäftigen. Dies führte dazu, dass 300.000 russisch-polnische Arbeiter gezwungen waren, gegen ihren Willen in Deutschland zu bleiben. Des Weiteren „erlangte" das Deutsche Reich zwischen 1914 und 1918 etwa 2,5 Millionen Kriegsgefangene. Diese Kriegsgefangenen wurden vorwiegend in der Landwirtschaft eingesetzt, aber auch in vielen Zechen des Bergbaus. Durch die Umwandlung von Rückkehrzwängen in Rückkehrverbote in der Landwirtschaft wurden auch allmählich die Beschäftigungsverbote ausländisch-polnischer Arbeiter in der westlichen Industrie zurückgenommen. Zu dieser Zeit ließen sich auch ca. 80.000 ostjüdische Arbeiter und 30.000 belgische Arbeiter zur Beschäftigungsaufnahme in Deutschland nieder.[26] 1918 dürften mehr als zwei Millionen Ausländer auf dem Gebiet des deutschen Reiches eingesetzt gewesen sein. Für die deutschen Behörden bestand die Aufgabe nun darin, diese Ausländer aufgrund der zurückströmenden Soldaten und der Umstellung der deutschen Wirtschaft von Kiregs- auf Friedensproduktion wieder in ihre Heimatländer zurückzuführen. Dies führte paradoxerweise in der Landwirtschaft allerdings zu Problemen. Zwar standen nun deutsche Soldaten wieder zur Arbeit zur Verfügung, diese wollten aber aufgrund der geringen Löhne und der schlechten Lebensbedingungen gar nicht auf den Landgütern arbeiten. Dementsprechend wurden auch wieder die Forderungen nach ausländischen Wanderarbeitern seitens der Landwirte laut. So wurde 1919 wieder die Beschäftigung von 50.000 polnischen Landarbeitern erlaubt. Der zu Beginn bereits erwähnte Konflikt zwischen wirtschaftlichen und politischen Interessen fand nun auch wieder Einzug in die Diskussionen um die Ausländerbeschäftigung. Durch das Arbeitsnachweisgesetz von 1922 wurde daher festgehalten, dass

---

[25] Vgl. HERBERT (2001), S. 74
[26] Vgl. HERBERT (2001), S. 86f.

nur dann Ausländer einzustellen sind, wenn entsprechende einheimische Arbeiter nicht zur Verfügung standen.[27] In den frühen 1930er Jahren traten, bedingt durch die anschwellende Rüstungskonjunktur, erhebliche Mangelerscheinungen in strategischen Bereichen wie beispielsweise der Landwirtschaft oder Devisen auf. Dies führte von einem Arbeitskräfteüberschuss der vorigen Krisenjahre zu einem Arbeitskräftemangel. Dadurch bedingt bat die deutsche Regierung die polnische Regierung um eine schrittweise Erhöhung des Kontingentes an polnischen Gastarbeitern auf 90.000 Personen. Auch mit anderen Ländern, wie Italien, dem ehemaligen Jugoslawien, Ungarn, Österreich und Holland wurden ebenfalls solche Abkommen geschlossen.[28] Durch den zweiten Weltkrieg kam es auch wieder zur Überführung von Kriegsgefangenen nach Deutschland. Bereits im Oktober 1939 waren an die 210.000 Kriegsgefangenen zur Arbeit eingesetzt. Diese Zahl stieg bis 1940 auf circa 300.000 Personen an. 90% der Kriegsgefangen wurden hierbei in der Landwirtschaft eingesetzt. Im weiteren Verlauf des Krieges wurde der Masseneinsatz von Polen vorangetrieben indem für die Geburtenjahrgänge 1915-1925 eine Arbeitspflicht eingeführt wurde. Durch Repressionen und brutale Einschüchterungsmaßnahmen wurden bis zu 310.000 weitere polnische Zivilarbeiter unter Zwang zur Arbeit nach Deutschland gebracht.[29] Durch die weitere Ausdehnung der Rüstungsindustrie konnten Mitte 1943 fast alle Betriebe über steigende Arbeitsleistungen berichten. Die Rekrutierung von Zivilarbeitern wurde in ganz Europa durch immer brutaler werdende Methoden vorangetrieben. So wurden bis 1943 weitere 2,5 Millionen ausländische Zivilarbeiter und Kriegsgefangene in das deutsche Reich gebracht.[30] [31]

„Die Situation nach dem zweiten Weltkrieg war durch eine zerstörte Wirtschaft und ein Überangebot von Arbeitskräften gekennzeichnet."[32] Die Eingliederung von Evakuierten, ehemaligen Kriegsgefangenen, Flüchtlingen und Vertriebenen schuf zwar einerseits viele Probleme, bedeutete für die aufblühende deutsche Wirtschaft der frühen 1950er Jahre aber ein großes Arbeitskräfteangebot. So wurden durch die vielen Flüchtlinge spezialisierte Berufskenntnisse mitgebracht, an denen sich die deutsche Wirtschaft bedienen konnte. Durch den Boom dieser Jahre wurde 1955 eine fast angehende Vollbeschäftigung erreicht. Das enorme Wirtschaftswachstum, der Aufbau der Bundeswehr, die Verlängerung der Schul- und Ausbildungsdauer oder die Verkürzung der Arbeitszeit waren nur einige Faktoren die zu einem weiter

---

[27] Vgl. HERBERT (2001), S. 118 f.
[28] Vgl. HERBERT (2001), S. 124-125
[29] Vgl. HERBERT (2001), S. 130-132
[30] Vgl. HERBERT (2001), S. 145
[31] An dieser Stelle gilt zu beachten, dass hier nicht näher auf die Beschäftigung der vielen jüdischen Zwangsarbeiter im zweiten Weltkrieg eingegangen wird.
[32] SCHRETTENBRUNNER (1971), S. 20

steigenden Mangel an Arbeitskräften führten. Aufgrund dieser Mangelerscheinungen bei inländischen Arbeitskräften wurden die ersten Anwerbeverträge für ausländische Arbeitskräfte mit anderen Ländern geschlossen. Der erste Vertrag dieser Art wurde 1955 mit Italien geschlossen. Weitere Anwerbeländer folgten bis zum Jahre 1965. Bis 1959 liefen die Anwerbungen eher schleppend voran. Dies sollte sich bis 1966 ändern. Die Ausländerbeschäftigung erreichte einen ersten Höhepunkt mit 1,3 Millionen Beschäftigten.[33]

Jahr	Beschäftigte ausländische Arbeitnehmer Ende September	Anteil d. Ausländischen Arbeitnehmer an der Gesamtzahl der unselbstständigen Erwerbstätigen in %
1959	166 829	0,8
1960	279 390	1,3
1961	548 916	2,5
1962	711 459	3,2
1963	828 743	3,7
1964	985 616	4,4
1965	1 216 804	5,7
1966	1 313 491	6,1
1967	991 255	4,7
1968	1 089 873	5,2
1969	1 501 409	7

Tabelle 1: **Beschäftigte ausländische Arbeitnehmer in der BRD und West-Berlin 1959-1969**
Quelle: SCHRETTENBRUNNER (1971), S. 26.

Die deutsche Industrie bemerkte rasch, wie lukrativ sich die Beschäftigung von ausländischen Arbeitskräften darstellte. Die Ausländer wanderten im produktiven Alter nach Deutschland ab. Das hieß für sie waren keine Ausbildungskosten von Nöten. Die Zahl der ausländischen Arbeitskräfte stieg im Folgenden bis zum zweiten Höhepunkt 1973 auf 2,595 Millionen an. Diese Tendenzen wurden seitens der Unternehmen und seitens der Regierung aber nicht durchweg als positiv erachtet. Die Aufenthaltsdauer der Ausländer nahm zu und viele Familienteile folgten ihnen. Hierdurch stiegen auch gleichzeitig die Zahlen der nichterwerbstätigen Ausländer.[34] Die Sor-

---
[33] Vgl. SCHRETTENBRUNNER (1971), S. 20 ff.
[34] Vgl. HERBERT (2001), S. 224 f.

gen um diese Entwicklungen mündeten am 23. November 1973 im sogenannten Anwerbestopp.

„Die deutsche Regierung sah mit der Verhängung des Anwerbestopps zuversichtlich der Zukunft entgegen und rechnete [...] mit einer langsamen, aber beständigen, vermehrten Ausreise der Gastarbeiter in ihr Heimatland."[35]

Das Kalkül des Anwerbestopps ging allerdings nicht auf. Die Zahl der in Deutschland lebenden Ausländer verhielt sich nicht rückläufig, sondern sie stieg weiter an. Viele der Ausländer wanderten nicht mehr in ihre Heimatländer ab, sondern verlagerten ihren festen Wohnsitz in die Bundesrepublik. Der Anteil der ausländischen Bevölkerung stieg bis 1998 auf 9% an.[36] Die Bundesregierung bemühte sich stets mit weiteren Maßnahmen die Ausländerquote zu senken. Am 28. November 1983 beschloss der Bundestag das Gesetz zur Förderung der Rückkehrbereitschaft von Ausländern. Ausländer bekamen eine Rückkehrhilfe von 10.500 DM angeboten. Insgesamt reisten daraufhin 38.000 Antragsteller und Familienangehörige mit der Rückkehrhilfe aus. In der Folgezeit hatten Ausländer weiterhin die Möglichkeit, sich bei den jeweiligen Arbeitsämtern über eine Rückkehr beraten zu lassen.[37] Durch den sich in den Folgejahren ankündigenden Zerfall des Ostblocks nahmen nebenbei die Zuwanderungen von Asylbewerbern aus dem Osten zu. Diese Asylbewerber erhielten im Vergleich zu denen aus anderen Ländern trotzdem Asyl, auch wenn ihr Antrag nicht anerkannt worden war.[38] [39] Durch das neue Asylrecht, welches durch Gesetzesänderung 1993 in Kraft trat, wurden allerdings solche Personen vom Asylrecht ausgeschlossen, die aus sogenannten „sicheren Staaten" stammten. Da der Großteil der Ostblock-Staaten als „sichere Staaten" galten und gelten, gab es seit Mitte der 1990er Jahre so gut wie keine Asylwanderungen aus diesen Gebieten mehr nach Deutschland.[40] Als letzter wichtiger Eckpfeiler in der Geschichte der Wanderbewegungen von Ausländern kann die Weiterentwicklung der EU-Osterweiterung betrachtet werden. Seit 2004 gilt innerhalb der EU die Freizügigkeit von Personen, die aber im Falle der Arbeitnehmerfreizügigkeit eingeschränkt werden konnte. Hier wurde eine gestaffelte bis zu siebenjährige Übergangsfrist eingeführt, die sogenannte 2+3+2 Regel,die es den Mitgliedsstaaten erlaubte ihre eigenen Zuwanderungsregelungen beizubehalten, wobei die Notwendigkeit hierfür 2006 zu über-

---

[35] DALLDORF (2007), S.16.
[36] Vgl. HERBERT (2001), S. 232 f.
[37] Vgl. KÜHL in REINMANN UND REINMANN (1987), S. 26 f.
[38] Vgl. HERBERT (2001), S. 273 f.
[39] An dieser Stelle wird nicht näher auf die Asylpolitik, insbesondere auf das Asylbeschleunigungsgesetz, und die Wanderbewegungen der Asylbewerber und der Flüchtlinge eingegangen.
[40] Vgl. DIETZ IN NOWICKA (2007), S. 27

prüfen war.[41] Deutschland nahm diese Übergangsregelung von erst 2 Jahren, dann 3 Jahren und schließlich nochmals 2 Jahren in Anspruch.[42]

> „Die Freizügigkeit gilt seit dem 1. Mai 2011 für Arbeitnehmer aus den am 1. Mai 2004 der EU beigetretenen Ländern: Estland, Lettland, Litauen, Polen, Tschechische Republik, Slowakei, Slowenien und Ungarn (EU-8).[43] „

---

[41] Vgl. DIETZ in NOWICKA (2007), S. 29
[42] Vgl. HÖNEKOPP in NOWICKA (2007), S. 48
[43] BUNDESREGIERUNG (2011)

4. Theorieangebote der Migrationsforschung

Am 1. Januar 2005 trat das Zuwanderungsgesetz (Gesetz zur Steuerung und Begrenzung der Zuwanderung und zur Regelung des Aufenthalts und der Integration von Unionsbürgern und Ausländern) in Kraft. Der Hauptkern bildet neben der Zuwanderungssteuerung die Integration der Migranten. Ausländerintegration ist nach Auffassung der damals eigens eingesetzten Zuwanderungskommission eine Aufgabe, die alle Menschen in unserer Gesellschaft betrifft und nicht nur Sache von bestimmten Institutionen und Organisationen bleibt. Migranten sollen eine gleichberechtigte Teilhabe am wirtschaftlichen, gesellschaftlichen, politischen und kulturellen Leben haben. Des Weiteren soll Integrationsförderung für Toleranz, Akzeptanz und wechselseitigen Respekt werben. Die Integrationsforschung hat die im Folgenden erklärten Modelle über die gesellschaftliche Eingliederung von Migranten entwickelt: das Assimilationsmodell von Esser, das Unterschichtungsmodell von Hoffmann-Nowotny und das Modell ethnischer Kolonien von Heckmann.[44] Der Versuch der drei Autoren besteht darin ein allgemein anwendbares Modell zur Eingliederung von Migranten zu entwickeln. Das Hauptaugenmerk dieser Arbeit liegt hierbei auf der temporären Arbeitsmigration. Unter temporärer Arbeitsmigration wird eine rotierende Arbeitsmigration verstanden, d.h. hierunter fallen die Arbeitskräfte, die nur für einen bestimmten Zeitraum in ein Zielland zur Arbeitsaufnahme wandern. Im Zusammenhang mit Saisonarbeitnehmern wird temporäre Migration als Kontrakt- und zirkuläre Wanderung verstanden. Die Migranten reisen zur Arbeitsaufnahme nach Deutschland und verlassen, zum Beispiel nach Beendigung der Ernte, das Zielland wieder.[45] Auch die temporäre Migration ist jeweiliger Bestandteil der nachfolgend erklärten Modelle.

4.1 Das Assimilationsmodell nach Esser

In Essers Grundmodel werden die folgenden vier Dimensionen der Eingliederung von Migranten unterschieden:

- *die kognitive Assimilation*
- *die identifikative Assimilation*
- *die soziale Assimilation und die*
- *strukturelle Assimilation*

---

[44] Vgl. BECKER (2010) S. 22 ff.
[45] Vgl. BECKER (2010) S. 22

Das Modell nach Esser ist als eine kausale Stufenstruktur angelegt, in der die Erreichung einer Dimension, die Erreichung der vorhergehenden voraussetzt.[46] Die kognitive Dimension gibt beispielsweise Auskunft über bestimmte Fertigkeiten des Migranten wie die Sprachkenntnisse. Die identifikatorische Dimension beschreibt unter anderem die Einbürgerungsabsicht des Wanderes. Die Möglichkeiten zur Kontaktaufnahme und die interethnischen Kontakte werden unter der sozialen Variablen zusammengefasst. Die strukturelle Assimilation beschreibt schließlich Determinanten wie zum Beispiel der berufliche Werdegang und Aufstieg eines Migranten.[47] Esser unterscheidet zwei unabhängige Variable. Zum einen die Person des wandernden Migranten an sich und zum anderen seine Umwelt bzw. Umgebung. Die Untervariablen Motivation, Kognition, Attribuierung und Widerstand geben an ob der Migrant bestimmte assimilative Handlungen zur Ausführung bringt oder unterdrückt. Motivation gibt den Anreizgrad wider der zu Assimilation führen kann, Kognition beschreibt die subjektive Erwartung durch bestimmtes Handeln ein bestimmtes Ziel zu erreichen, Attribuierung bezeichnet den Typ des Vertrauens in die Kontrolle der Handlungssituation und der Widerstand zeigt die prognostizierten Kosten bei der Wahl der assimilativen Handlung an.[48] Esser stellt die Haupthypothese auf, dass je stärker die Motive zur Zielerreichung sind; je stärker die subjektiven Erwartungen sind, diese Zielsituation zu erreichen; je höher die Handlungsattribuierung für die assimilative Handlung ist und je geringer der Widerstand für diese ist; der Wanderer umso eher assimilative Handlungen ausführen wird.[49] Die zweite unabhängige Variable „Umgebung" wird durch die Faktoren „Opportunitäten", „Barrieren", und „Alternativen" beschrieben.„Umgebung" beinhaltet das Aufnahmesystem, die Mitwanderer und die nicht mit gewanderten Bezugspersonen im Heimatland.„Opportunitäten" werden als Handlungsmöglichkeiten und Handlungsbedingungen verstanden, die die Assimilation erleichtern und unterstützen können. Unter „Barrieren" versteht man die Bedingungen die handlungsbe- oder -verhindernd im Aufnahmeland wirken. (z.B. rechtliche Beschränkungen, Vorurteile oder Diskriminierung.) Zu guter Letzt beschreibt der Faktor „Alternativen" alle Möglichkeiten die zu nicht-assimilativen Handlungen führen.[50] Über die Umwelt-/Umgebungsvariable kommt Esser zu seiner zweiten Haupthypothese. Je mehr Handlungsalternativen der Wanderer hat; je geringer die Barrieren für assimilative Handlungen sind; und je weniger nicht-assimila-

---

[46] Vgl. Becker (2010) S. 25
[47] Vgl. Thym (2010), S. 272
[48] Vgl. Becker (2010) S. 25
[49] Vgl. Esser (1980), S. 211
[50] Vgl. Becker (2010), S. 25 f.

tive Handlungsopportunitäten zur Verfügung stehen die nicht assimilativer Art sind, umso eher führt der Wanderer assimilative Handlungen aus.[51]

4.2 Das Unterschichtungsmodell nach Hoffmann-Nowotny

Hoffmann-Nowotny versteht unter Migration den Abbau anomischer Spannungen im internationalen Maßstab. Das heißt die Menschen versuchen mittels individueller Mobilität, Entwicklungsunterschiede die zwischen deren Heimatland und dem Einwanderungsland bestehen, abzubauen. Die Immigration führt dann im Einwanderungsland zur Unterschichtung, das heißt die Migranten nehmen gesellschaftliche Statuspositionen an, die sich zunächst unterhalb der sozialen Stratifikation befinden. Im Ursprungsland der Migranten führt Emigration hingegen zum Abbau latenter oder manifester sozialer Spannungen.[52] Die erste Basishypothese der Theorie lautet demnach: ,, Strukturelle Spannungen sind die zentralen Determinanten des Wandels sozietaler Systeme." [53] Im Unterschied zum Assimilationsmodell nach Esser reklamiert das Unterschichtungsmodell für sich, dass nicht individuelle Handlungen Ausgangspunkt der Theorie sind, sondern gesellschaftliche Strukturen und Teilsysteme. Hoffmann-Nowotny berücksichtigt in seinem Modell des Weiteren die Auswirkungen der Migration auf die Aufnahmegesellschaft. Migrationsbewegungen finden im Modell in beide Richtungen, also in abnehmende und in zunehmende Entwicklungen statt. Dies führt dann zu Unter- bzw. Überschichtung in der jeweiligen bestehenden Sozial- und Berufsstruktur. Im Zuge der Unterschichtung hat der Eintritt der Migranten auf die unteren Ränge der Beschäftigungsstruktur eine expansive Wirkung auf die mittleren Ränge des Arbeitsmarktes. Der Arbeitsmarkt bietet hierdurch eine größere Offenheit und Zugänglichkeit, wodurch auch für die einheimischen unteren Statusstufen die sozialen Mobilitätschancen erhöht werden. Nach Hoffmann-Nowotnys Modell führt Einwanderung und Unterschichtung demnach zu erhöhten Karriere- und Aufstiegschancen für die autochthone Bevölkerung der unteren Schichten.[54] Im Modell werden die Ebenen ,,Struktur" und ,,Kultur" unterschieden. ,,Struktur" beschreibt das vertikale Positionssystem sozialer Ränge und die Art der strukturellen Differenzierung von Macht. Die Ebene ,,Kultur" bezeichnet das Symbolsystem der Gesellschaften.[55] Macht und Prestige sind in sozietalen Systemen ungleichgewichtig verteilt, wodurch strukturelle Spannungen entstehen. Die zweite Basishypothese besagt, dass strukturelle Spannungen anomische Spannun-

---
[51] Vgl. ESSER (1980), S. 211
[52] Vgl. AUMÜLLER (2009), S.118.
[53] HOFFMANN-NOWOTNY (1970), S.36
[54] Vgl. BECKER (2010), S.28 f.
[55] Vgl. HOFFMANN-NOWOTNY (1990) in BECKER (2010), S.30

gen erzeugen. Anomische Spannungen erzeugen dann ein auf den Ausgleich von Macht und Prestige gerichtetes Tun in vier mögliche Richtungen.[56] Dies kann entweder durch die Veränderung der Position auf der gegebenen Statuslinie (Statusmobilität), durch Akzentuierung von macht- oder prestigehaltigen Positionen (Akzentuierung), durch einen Wandel der Bewertungsgrundlagen (kultureller Wandel) oder durch Aufgabe der Position im sozietalen System, also Migration, erfolgen.[57]

4.3 Das Modell ethnischer Kolonien nach Heckmann

Die Theorie von Heckmann baut auf der Konzeptualisierung von Integration als Eingliederung in Statuslinien nach Hoffmann-Nowotny auf. Die Dimensionen der Eingliederung beruhen hingegen auf den vier Dimensionen der Eingliederung nach Esser.[58] „Heckmann unterscheidet die strukturelle, die kulturelle, die soziale und die identifikatorische Integration von Zuwanderern in die Aufnahmegesellschaft."[59] Im Unterschied zu den beiden vorher erläuterten Theorien geht Heckmann allerdings davon aus, dass die ersten unmittelbaren sozialen Bezüge mit denen sich Migranten im Aufnahmeland zu befassen haben, nicht die Einwanderungsgesellschaft ist, sondern das Subsystem ihrer ethnischen Einzelgruppe. Im Verlaufe des Migrationsprozesses verlässt der Migrant also nicht nur lediglich die eine Gesellschaft und kommt in der anderen an, vielmehr gestaltet sich dieser Prozess vielschichtiger.[60] Der Migrant hat es mit drei Gesellschaften zu tun. Zum einem mit dem System der Herkunftsgesellschaft, dem er mit längerem Aufenthalt im Aufnahmeland immer weniger angehört und zum anderen mit dem System der Aufnahmegesellschaft, dem er noch nicht oder nur in Teilbereichen angehört. Des Weiteren wird der Migrant mit dem System der Einwanderungsgesellschaft konfrontiert, die sich innerhalb der Aufnahmegesellschaft als relativ selbstständiges Subsytem entwickelt.[61] Eben letzteres bezeichnet Heckmann als ethnische Kolonie. Indizien für die Entstehung ethnischer Kolonien sind unter anderem die Existenz von eigenen Kirchengemeinden, Vereinen, eigene Geschäfte, Restaurants etc.[62] Da die zugrundeliegende Arbeit sich vorwiegend mit der temporären Arbeitsmigration, vordergründig mit der Migration von Saisonarbeitnehmern beschäftigt, ist der Ansatz von Heckmann in diesem Zusammenhang allerdings nur teilweise und in Auszügen zweckmäßig. Der Ansatz wird

---

[56] Vgl. HOFFMANN-NOWOTNY (1970), S.30 f.
[57] Vgl. BECKER (2010), S.31
[58] Vgl. BECKER (2010), S. 33
[59] BECKER (2010), S.33
[60] Vgl. BECKER (2010), S. 34 f.
[61] Vgl. BÜRKNER (1987), S.40
[62] Vgl. HECKMANN (1981), S. 35

aus Vollständigkeitsgründen hier dennoch aufgeführt. Ethnische Kolonien bilden sich, selbstredend, in der Regel vermehrt dort, wo Migranten längere Aufenthalte beabsichtigen. Als Beispiele können hier vereinzelte inländische Stadtbezirke wie Berlin-Neukölln aufgeführt werden in denen Migrationsanteile von 40 %[63] bestehen und es unter anderem der türkischen Bevölkerung ermöglicht wird, ein fast komplett nicht-deutsches Leben zu führen. Da Saisonarbeiternehmer nur für wenige Wochen die Bundesrepublik besuchen ist die Koloniebildung in diesem Spektrum eher gering. Zwar haben Untersuchungen im Rahmen dieser Arbeit gezeigt, dass Saisonarbeitnehmer sich durchaus zusammen tun und nach dem Arbeitsalltag gemeinsame Freizeitaktivitäten unternehmen, jedoch sind dies eher die Ausnahmen. Als Beispiel können hier u.a. Fußball-Freizeitmannschaften genannt werden die Saisonarbeiter während den Erntezeiten in ihren Reihen aufnehmen.

4.4 Die Formen internationaler Migration

Der Soziologe Ludger Pries unterscheidet vier Formen von internationaler Migration:

- *die Emigration bzw. Immigration*
- *die Rückkehr-Migration*
- *die Diaspora-Migration und die*
- *Transmigration.*

Diese Migrationstypen können nach der jeweiligen Beziehung zum Herkunftsland und zum Ankunftsland, dem Hauptmigrationsgrund und dem Zeithorizont der Migration unterschieden werden (vgl. hierzu Tabelle 2). Beim ersten Migrationstyp, der Emigration bzw. Immigration, richten sich die Migranten auf einen Daueraufenthalt im Zielland ein. Es werden zwar noch Beziehungen zum Heimatland unterhalten, jedoch erfolgt über den Zeitverlauf eine Integration und Assimilation im Zielland. Die Rückkehr-Migration beschreibt einen zeitlich befristeten Landeswechsel, der sich in der Aufenthaltsdauer unterscheiden kann. Hierunter fällt vor allem der Begriff des Gastarbeiters. Der dritte Typus, die Diaspora-Migration, impliziert Wanderbewegungen, die entweder einen religiösen oder einen starken loyalitäts- und organisationalen Abhängigkeitsbeziehungshintergrund haben (wie z.B. Kirchen). Der vierte Idealtypus, die Transmigration, bezeichnet Wanderbewegungen die nicht nur einmalig unternommen werden, sondern zu einem mehrmaligen Normalzustand werden, in-

---

[63] Vgl. AMT FÜR STATISTIK BERLIN-BRANDENBURG (2012)

dem sich der alltagsweltliche Lebensraum pluri-lokal über Landesgrenzen hinweg zwischen verschiedenen Orten aufspannt. [64]

	Verhältnis zur Herkunftsregion	Verhältnis zur Ankunftsregion	Hauptmigrationsgrund/-umstand	Zeithorizont für Migration
Emigration/ Immigration	Rückbezug/ Abschied nehmen	Integration/ Neue Heimat	Wirtschaftliche/ sozial-kulturelle	Unbefristet/ Langfristig
Rückkehr-Migration	Dauerbezug/ Identität bewahren	Differenz/ Gastland	Wirtschaftliche/ Politische	Befristet/ Kurzfristig
Diaspora-Migration	Dauerbezug als „Gelobtes Land"	Differenz/ Erleidensraum	Relig./politische, Organisationale	Befristet, kurz-/ mittelfristig
Transmigration	Ambivalent/ Gemengelage	Ambivalent/ Gemengelage	Wirtschaftliche/ Organisationale	Unbestimmt/ Sequentiell

Tabelle 2: **Vier Idealtypen von Migranten**
Quelle: PRIES in NOWICKA (2007), S.111

---

[64] Vgl. PRIES in NOWICKA (2007), S. 110 ff.

5. Aspekte der Wanderbewegungen von temporärer Arbeitsmigration

Betrachtet man die aktuellen Zahlen der Bundesagentur für Arbeit, lässt sich beobachten, dass temporäre Arbeitsmigration über die Jahre hinweg nicht abgenommen hat, sondern ganz im Gegenteil, immer populärer wird. Nach den Zahlen der zentralen Auslands- und Fachvermittlung (ZAV) erfuhren die Arbeitserlaubnisverfahren für Saisonarbeitnehmer in der Landwirtschaft zwischen den Jahren 2006 und 2010 einen Zuwachs von ca. 26 % (vergleiche hierzu Tabelle 3).

	2006	2007	2008	2009	2010
Kroatien	4.342	4.169	3.974	3.545	3.348
Polen	216.414	228.922	244.373	256.841	270.583
Rumänien	9.135	13.201	16.500	18.655	20.850
Slow. Rep.	5.778	6.007	6.287	5.948	5.741
Slowenien	263	209	205	185	160
Tschech. Rep.	1.909	1.549	1.293	1.018	911
Ungarn	2.631	2.946	2.541	2.150	1.760
Summe	240.472	257.003	275.173	288.342	303.353

Tabelle 3: Arbeitserlaubnisverfahren für ausländische Saisonarbeiternehmer in der Landwirtschaft, geschlüsselt nach den Herkunftsländern, 2006-2010
Quelle: BUNDESAGENTUR FÜR ARBEIT (ZAV)

Im Zuge der Gesetzesänderungen im Hinblick auf die Arbeitnehmerfreizügigkeit von Personen innerhalb der EU wurden für die Jahre 2011 und 2012 nur noch die Länder Bulgarien, Kroatien und Rumänien statistisch erfasst.[65] Ausgehend von den Arbeitserlaubnisverfahren die diese Länder betreffen, ist auch für die Jahre 2011 und 2012 ein weiterer Anstieg der Beschäftigung ausländischer Saisonarbeitnehmer zu verzeichnen, beziehungsweise zu prognostizieren. Es liegt also auf der Hand, dass die Beschäftigung von Saisonarbeitnehmer für die Arbeitgeber eine attraktive Möglichkeit darstellt. Auf der anderen Seite scheint temporäre Arbeitsmigration in die Bundesrepublik Deutschland ebenso für die Wanderer beständig und fortlaufend an Attraktivität zu gewinnen. Will man also die Ursachen für Wanderbewegungen näher untersuchen, müssen hier zwei Perspektiven betrachtet werden. Zum einen müssen die Gründe der Arbeitgeber ausländische Saisonarbeitnehmer zu beschäftigen durchleuchtet werden und zum anderen muss untersucht werden warum ein Migrant

---
[65] Vgl. BUNDESAGENTUR FÜR ARBEIT (2012)

bereit ist sein Land für einen bestimmten Zeitraum zur Arbeitsaufnahme in der Bundesrepublik zu verlassen.

5.1 Wanderungsmotivationen aus Arbeitgebersicht

Wanderungen sind im Wesentlichen sozio-ökonomisch motiviert. Sie entstehen durch Fluktuationen am Arbeitsmarkt und werden durch Angebot und Nachfrage nach jeweiligen Arbeitskräften und den unterschiedlichen konjunkturellen Lagen, vordergründig im Zielgebiet, gesteuert. Wenn sich sozio-ökonomische Möglichkeiten in einem Bereich in Beziehung zu einem anderen erreichbaren Bereich verändern, kommt es zu Wanderbewegungen zwischen diesen.[66] Betrachtet man die Motivation der Arbeitgeber Saisonarbeitnehmer einzustellen, spielen an dieser Stelle natürlich ökonomische Gründe die prominenteste Rolle. Der häufigste Grund der in Interviews im Rahmen dieser Arbeit seitens der Arbeitgeber zur Beschäftigung von Saisonarbeiternehmer genannt wurde, ist das Fehlen von adäquaten verfügbaren Arbeitskräften auf dem inländischen Arbeitsmarkt. Paradoxerweise ist gerade im Bereich der gering qualifizierten Arbeit in der Bundesrepublik Deutschland eine überdurchschnittlich hohe Arbeitslosigkeit zu verzeichnen. Gleichzeitig besteht aber die Nachfrage nach wenig qualifizierten Saisonarbeitnehmern aus dem Ausland, vor allem in der Landwirtschaft. Dies rührt vor allem daher, da für die Arbeit in landwirtschaftlichen Betrieben eine hohe Arbeitsmotivation und eine gute körperliche Konstitution Voraussetzung sind. Die Tätigkeiten in der Landwirtschaft, wie zum Beispiel das Spargelstechen, das Erdbeeren pflücken oder die Weinlese, werden allerdings nur gering entlohnt.[67] Verfügbare deutsche Arbeitskräfte sträuben sich häufig vor diesen Arbeiten. Im Zuge dessen ist es für deutsche Arbeitgeber selbstredend von hoher Attraktivität, wenn man auf Arbeitnehmer aus dem Ausland zurückgreifen kann, die diese Arbeiten zu entsprechenden Löhnen akzeptieren. Dieses Paradoxon ist allerdings nicht nur von aktueller Natur sondern besteht schon seit Jahren. So stellte unter anderem der Volkswirt Jürgen Kühl bereits 1987 fest, dass die Akzeptanz der Ausländer gegenüber geringwertigen Beschäftigungen sich nicht geändert hat. Ausländer akzeptieren nach wie vor schlechtere Arbeitsplätze im Vergleich zu Deutschen.[68] Aber nicht nur die Tatsache, dass ausländische Saisonarbeitnehmer eher bereit sind schwierigere Arbeiten als Deutsche zu verrichten ist ein wichtiger Faktor für deutsche landwirtschaftliche Betriebe. In der Regel ist es so, so jedenfalls der allgemeine Tenor der durchgeführten Befragungen, dass Ausländer effektiver,

---

[66] Vgl. SCHRETTENBRUNNER (1971), S. 69
[67] Vgl. DIETZ (2004), S. 12
[68] Vgl. KÜHL IN REIMANN UND REIMANN (1987), S. 21

ordentlicher, schneller und ausdauernder arbeiten als verfügbare deutsche Arbeitskräfte. Die Frage hierzu lautete: Würden Sie die Arbeitsleistung Ihrer Saisonarbeitnehmer höher einschätzen als die Arbeitsleistung von verfügbaren arbeitslosen Inländern? (siehe dazu auch Abbildung 1). Alle 25 befragten Betriebe beantworteten diese Frage mit Ja. Das diese Arbeitsmotivation unter anderem daher rühren kann, dass ausländische Saisonarbeitnehmer im Vergleich zu Ihren Heimatländern in kurzer Zeit extrem hohe Löhne erwirtschaften können, muss an dieser Stelle natürlich beachtet werden. Nimmt man als Vergleich den populärsten Migrationsstaat für die deutsche Landwirtschaft Polen hinzu, wird dies schnell deutlich. „2010 betrug das durchschnittliche Bruttoeinkommen privater Haushalte [in Deutschland] monatlich 3.758 Euro."[69] „Im Februar 2011 betrug [in Polen hingegen] das durchschnittliche Bruttoeinkommen 3420 Polnische Zloty, [das entspricht] umgerechnet 850 Euro."[70] Das polnische Saisonarbeitnehmer bei vierfachen Gehaltsunterschieden eine höhere Arbeitsmotivation an den Tag legen, liegt vermutlich auf der Hand. Ein weiterer Beweggrund für diese Motivation kann auch daher rühren, dass die Saisonarbeiter in unmittelbarer Nähe des Arbeitsplatzes ohne Familien und soziale Verpflichtungen leben. Daher sind Saisonarbeiter auch einfacher und ohne längere Absprachen für kurzfristige Überstunden einsetzbar.

Abbildung 1: Arbeitsleistung der Saisonarbeiter im Vergleich zu Inländern
Quelle: Eigene Befragung

Ein weiterer Vorteil der den inländischen Arbeitgebern durch die Beschäftigung von Saisonarbeitnehmern entsteht, liegt in der Tatsache, dass für Saisonarbeitnehmer

---

[69] Statistisches Bundesamt (2010)
[70] Opielka in DiePresse.com (2011)

teure Ausbildungs- und Fortbildungskosten entfallen. Die Saisonarbeitnehmer führen geringfügige Tätigkeiten aus, bei denen kurze Anweisungen genügen. Die durchzuführenden Arbeiten sind zumeist in wenigen Tagen zu erlernen. Es wäre unwirtschaftlich einen fest angestellten Arbeitnehmer, der eine teure Ausbildung im Betrieb genossen hat, für diese Arbeiten einzusetzen. Die Beschäftigung von Saisonarbeitnehmern scheint hier dann wie ein Pool von verfügbaren Arbeitskräften zu wirken, an dem sich die inländischen Arbeitgeber je nach Bedarf und pro Saison bedienen können. Die hier genannten Motivationen der inländischen Betriebe wirken so schwer, dass auch teure Suchkosten für das Rekrutieren der Saisonarbeitnehmer und die fortlaufende Bürokratisierung bei der Durchführung der Arbeitserlaubnisverfahren gerne in Kauf genommen werden.

5.2 Wanderungsmotivationen aus Arbeitnehmersicht

Wie gezeigt, spielen bei Wanderungsbewegungen aus Arbeitgebersicht wirtschaftliche Beweggründe die Hauptrolle. Betrachtet man Wanderbewegungen aus Arbeitnehmersicht ist dies in der Regel nicht anders. Wanderungsmotive können in diesem Zusammenhang in Zugfaktoren (pull-factors) und Druckfaktoren (push-factors) eingeteilt werden. Zugfaktoren liegen vor wenn im Einwanderungsland (zum Beispiel Deutschland) hohe Einkommen zu erzielen sind und die Möglichkeit zur Beschäftigung gegeben ist. Im Umkehrschluss liegen Druckfaktoren vor, wenn im Heimatland des Migranten (z.B. Polen oder Rumänien) nur mangelnde Beschäftigungsmöglichkeiten bestehen und nur ein niedriges Einkommen erzielbar ist. Sind beide Faktoren in zwei Ländern erfüllt, besteht zwischen diesen prinzipiell ein Wanderungsdruck.[71] Dieser Wanderungsdruck rührt in der Gegenwart allerdings nicht nur daher, weil im Heimatland der Migranten ein Mangel an Arbeitsstellen herrscht, sondern oft daher, dass ein Mangel an „guten" Arbeitsstellen herrscht.[72] Konzentriert man sich nur auf die temporäre Arbeitsmigration verliert dieser Motivationspunkt jedoch meines Erachtens etwas an Gewicht. Aufgrund der Lohndifferenzen innerhalb der Länder geht es dem Saisonarbeitnehmer m.E. in erster Linie darum möglichst schnell, möglichst viele Arbeitsstunden im Migrationsland abzuleisten, ungeachtet ob hier eine bessere Beschäftigung als zu Hause vorliegt oder nicht. Ein weiterer Motivationspunkt der aus Arbeitnehmersicht eine Rolle spielt sind die schlecht funktionierenden Kapital- und Versicherungsmärkte in den Herkunftsländern.[73]

---

[71] Vgl. HÖNEKOPP in NOWICKA (2007), S. 50.
[72] Vgl. JONCZY in NOWICKA (2007), S. 275 f.
[73] Vgl. KACZMARCZYK UND OKOLSKI (2002), S. 328

„*Die Arbeitsaufnahme in Deutschland dient dann entweder der Finanzierung längerfristiger Investitionen oder aber sie trägt zur Diversifikation des Familieneinkommens bei. Dies ist besonders dann von Bedeutung, wenn Verdiener in der Familie arbeitslos geworden oder von Arbeitslosigkeit bedroht sind.*"[74]

So dient dann die Arbeitsreise nach Deutschland häufig der haushaltlichen Grundsicherung. Die bisher aufgeführten Wanderungsgründe bestätigen auch die Untersuchungen des Sozialgeographen Jörg Becker bei denen 240 polnische Saisonarbeiternehmer eines Erdbeerhofes zu ihrer Beschäftigung in Deutschland befragt wurden. Die Hauptgründe für die Wanderungen nach Deutschland waren für die Befragten die Aufbesserung des Haushaltseinkommens und die Arbeitslosigkeit in Polen (vgl. hierzu Tabelle 4). Hier liegen also eindeutig ökonomische Beweggründe vor. Dies zeigte sich auch in der Frage welche, persönlichen Erfahrungen die Saisonarbeiternehmer mit ihrer beruflichen Tätigkeit in Deutschland verbinden. 70 % der Befragten beantworteten dies mit dem Motiv „Geld verdienen".

	Häufigkeit	Prozent der Nennungen
Arbeitslosigkeit in Polen	78	21,7
Perspektivlosigkeit in Polen	24	6,6
Aufbesserung des Haushaltseinkommens	188	52,1
Urlaubsbeschäftigung	17	4,7
Gelegenheit durch Freunde etc.	40	11,1
andere Anlässe	14	3,8

Tabelle 4: **Anlass der Arbeitsaufnahme polnischer Saisonarbeitnehmer auf einem Erdbeerhof**
Quelle: Becker (2010), S.136

Neben den ökonomischen Gründen, die hauptsächlich die Saisonarbeiter nach Deutschland locken, spielen aber auch sozial motivierte Wanderungen eine, wenn auch nur untergeordnete, Rolle. So werden Wanderungen auch aufgrund von nicht wirtschaftlichen Aspekten unternommen wie „Land und Leute kennen lernen", „andere Kulturen kennen lernen", oder „neue Kontakte knüpfen".[75] Diese Punkte betreffen, wie die in dieser Arbeit durchgeführten Untersuchungen gezeigt haben, auch vermehrt junge Saisonarbeitnehmer wie Studenten oder Auszubildende, die ihre Fe-

---
[74] DIETZ (2004), S. 8
[75] Vgl. BECKER (2010), S. 136 f.

rien dazu nutzen ein anderes Land, vergleichbar mit einem Au-Pair-Aufenthalt, kennenzulernen. Wirtschaftliche Motive wie ,,Geld verdienen" sind dann eher zweitrangig und werden als Mittel zum Zweck gesehen.[76] Ein weiterer sozial motivierter Beweggrund liegt in der Tatsache, dass viele Saisonarbeitnehmer in der Zwischenzeit in den Betrieben so sehr integriert sind das Wanderungen auch häufig aus Verpflichtungsgefühlen oder Verbundenheit zum langjährigen Arbeitgeber erfolgen. Dieses Phänomen ist vor allem bei den Arbeitern der älteren Generationen zu beobachten, die teils über Jahrzehnte hinweg zur Saisonarbeit angereist sind. Obwohl diese Arbeiter in der Zwischenzeit ein finanzielles Polster durch die langjährige Saisonarbeit erwirtschaftet haben und auf die schwierige Arbeit in der Landwirtschaft wirtschaftlich verzichtet werden könnte, werden dennoch Wanderungen unternommen.

---

[76] Diese Wanderbewegungen von jüngeren Ausländern sind im übrigen nicht nur in der Landwirtschaft, sondern auch vermehrt in der privaten häuslichen Pflege, insbesondere in der Altenpflege, zu beobachten. So reisen immer mehr, vorwiegend weibliche und junge Ausländer, zur privaten häuslichen Pflege von Senioren an.

6. Die sozialen Strukturen der Beschäftigten

Insgesamt nahmen an der für diese Arbeit durchgeführten Befragung 25 landwirtschaftliche Betriebe teil, die vorwiegend dem Weinbau zuzurechnen sind. Diese Betriebe beschäftigten insgesamt 148 Saisonarbeitskräfte. Darüber hinaus wurden 10 ausländische Arbeitnehmer auch über die Saison hinweg in einigen Betrieben angestellt.[77] Die wenigsten Saisonarbeitnehmer beschäftigte einer der befragten Betriebe mit nur einer polnischen Arbeitskraft. Die meisten Saisonarbeitnehmer stellte ein Betrieb aus dem Ackerbau mit 23 Beschäftigten. Nur vier der befragten Betriebe beschäftigten ausländische Arbeitnehmer auch über die Saison, bzw. Arbeitsspitze, hinweg. Die Beschäftigten stammten überwiegend aus Polen (vgl. hierzu Abbildung 2). Diese Tatsache rührt daher, da für Saisonarbeitnehmer aus den 2004er Beitrittsstaaten (Estland, Lettland, Litauen, Malta, Polen, Slowakei, Slowenien, Tschechien, Ungarn und Zypern) das Erfordernis einer Arbeitsgenehmigung seit dem 01.01.2011 entfallen ist. Des Weiteren ist für diese Gruppe von Saisonarbeitnehmern das Anforderungsverfahren über die regionalen Arbeitsagenturen und die Zentrale Auslands- und Fachvermittlung entfallen. Im Zuge dessen muss für polnische Saisonarbeitnehmer auch keine Zulassung mehr beantragt werden.[78] Der Wegfall von diesen bürokratischen Hürden machte es im vergangenen Jahr daher attraktiv auf polnische Saisonarbeitnehmer zurückzugreifen. Dennoch ist die Beschäftigung von polnischen Saisonarbeitskräften seit Jahren rückläufig. Wobei davon auszugehen ist, dass sich diese Tendenz noch weiter verstärken wird.[79] Ein Grund hierfür liegt unter anderem darin, dass auch für rumänische und bulgarische Saisonarbeitnehmer ab 01.01.2012 die Arbeitserlaubnispflicht entfallen ist.[80]

---

[77] Hier ist zu beachten, dass zwei der Befragten Betriebe die Beschäftigtenzahlen mit 2-3 Arbeitnehmern bzw. mit 4-6 Arbeitnehmern bezifferten. Zur einheitlichen Veranschaulichung wurden diese Betriebe mit 2 bzw. 5 Arbeitnehmern in die Statistik aufgenommen.
[78] Vgl. BAUERN UND WINZERVERBAND RHEINLAND-NASSAU (2011), S.1
[79] Vgl. BAUERN UND WINZERVERBAND RHEINLAND-NASSAU (2011), S.1
[80] Vgl. BUNDESAGENTUR FÜR ARBEIT - ZENTRALE AUSLANDS- UND FACHVERMITTLUNG (ZAV) (2011)

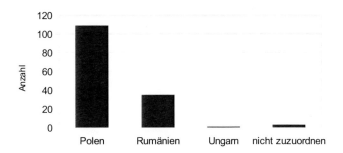

Abbildung 2: **Herkunftsländer der Saisonarbeiter**
Quelle: Eigene Befragung

6.1 Geschlechterverteilung und Familienstand der Saisonarbeitnehmer

Die Saisonarbeit im Weinbau wird nach wie vor von Männern dominiert. Gründe hierfür liegen vordergründig in der schweren körperlichen Arbeit die im Weinbau verrichtet werden muss. Das Verhältnis Männer zu Frauen verhielt sich bei den durchgeführten Befragungen 104:44. Hier liegt also ein Frauenanteil von 42,3 Prozent vor. Die Geschlechteranteile sind allerdings in der Landwirtschaft insgesamt häufig anders verteilt. Gerade beim Spargelstechen oder Erdbeeren pflücken fallen viele Zuarbeiten an wie das Abpacken der Ernte in Kisten, das Waschen der Ernte oder das Aussortieren von schlechter Ware. Diese Arbeiten benötigen einen geringeren körperlichen Aufwand. Daher werden für diese Arbeiten gerne Frauen eingesetzt. Der Sozialgeograph Jörg Becker kam bei seinen Befragungen auf einem Erdbeerhof auf entsprechend andere Ergebnisse. Hier stellten 67,5 % der beschäftigten Arbeitnehmer Frauen. Der Betriebsinhaber dieses Erdbeerhofes begründete diesen höheren Frauenanteil mit deren sorgfältigeren Arbeit bei der Ernte. Untersuchungen in Polen im Jahre 2002 errechneten einen Frauenanteil von ca. 54 % an der gesamten temporären Migration.[81] Bei den hier durchgeführten Befragungen waren darüber hinaus ein Großteil der Beschäftigten verheiratet (vgl. hierzu Abbildung 3). Ein Phänomen das man häufig beobachten kann ist, dass verheiratete Paare gemeinsam zur Saisonarbeit anreisen. Dies hat für den Arbeitgeber natürlich den Vorteil, dass sich die Beschäftigten vertraut sind und sich zuarbeiten. Die Paare hingegen genießen dann den Vorteil einer einfacheren, weil gemeinsamen Integration.

---

[81] Vgl. BECKER (2010), S. 128 f.

Ein Nachteil der dem gegenüber steht, liegt darin, dass in einigen Betrieben von Mobbing gegenüber Paaren durch ledige Saisonarbeitnehmer berichtet wurde.

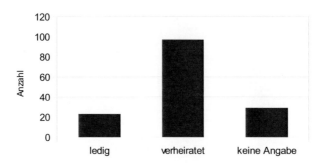

Abbildung 3: **Familienstand der Saisonarbeitnehmer**
Quelle. Eigene Befragung

6.2 Sprachkenntnisse der Saisonarbeitnehmer

Ein häufiges Problem das bei der Beschäftigung von Saisonarbeitnehmern auftritt sind die fehlenden Sprachkenntnisse, die die Muttersprache im Zielland betreffen. Der Großteil der befragten Betriebe schätze die Sprachkenntnisse Ihrer Saisonarbeitskräfte als „mäßig bis mittelmäßig" ein (vgl. hierzu Abbildung 4).

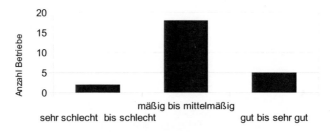

Abbildung 4: **Sprachkenntnisse der Saisonarbeitnehmer**
Quelle: Eigene Befragung

An dieser Stelle muss allerdings hinterfragt werden, welchen Stellenwert die Sprachkenntnisse der Saisonarbeitnehmer für deren Arbeitsleistung aus Arbeitgebersicht haben. Die zu erledigenden Arbeiten wie das Trauben lesen, das Spargel stechen, das Erdbeeren pflücken usw. benötigen keiner großen Einweisung durch den Arbeitgeber. Im Weinbau sind neue Arbeitnehmer, auch mit schlechten Sprachkenntnissen, bereits nach einem Tag eingearbeitet.[82] Die Arbeitgeber haben daher natürlich nur ein bedingtes Interesse an der sprachlichen Fortbildung ihrer Arbeitnehmer. Aber auch aus Arbeitnehmersicht dürfte nur ein geringes Interesse bestehen die Sprachkenntnisse zu erweitern. Reist man als neuer Saisonarbeitnehmer ein, gibt es oft Kollegen die schon länger in den Betrieben tätig sind und die sprachlichen Defizite ausgleichen können, in dem Sie zwischen Arbeitgeber und dem betreffenden Arbeitnehmer übersetzen und vermitteln. Aber nicht nur dies hemmt das Erlernen der neuen Sprache. In aller Regel arbeiten die Saisonarbeitskräfte in einer größeren Anzahl in den Weinbergen und auf den Feldern. Es wird ihnen daher ermöglicht, den kompletten Arbeitstag fast ohne die deutsche Sprache auszukommen. Dieses Ballungsproblem, welches bei der temporären Migration nur in einem Mikrokreis stattfindet, lässt sich in der Migration deutschlandweit allgemein in weitaus größeren Dimensionen beobachten (vgl. hierzu auch Abschnitt 4.3). Ein weiterer Umstand, der die minderen Sprachkenntnisse der Saisonarbeitnehmer begründet liegt darin, dass bei der temporären Arbeitsmigration die Wanderungsbesuche nur von kurzer Dauer sind. Das Interesse der Arbeitskräfte, eine neue Sprache zu erlernen, die nur einmal im Jahr für wenige Wochen benötigt wird, ist verständlicher Weise gering. Nichts desto trotz hat sich das Sprachniveau der Saisonarbeitnehmer insgesamt gesteigert. Dies rührt daher, da viele Saisonarbeitnehmer über viele Jahre hinweg die Betriebe besuchen und Saisonarbeitnehmer schon in zweiter Generation anreisen (vgl. hierzu auch Abschnitt 7.3).

6.3 Loyalität zwischen Arbeitgebern und Arbeitnehmern
Die Fluktuationen in der Saisonarbeiterbeschäftigung fallen tendenziell gering aus. Der Großteil der Betriebe, dies zeigten jedenfalls die Befragungen der zugrunde liegenden Arbeit, beschäftigt seine Saisonarbeiter über mehrere Jahre hinweg (vgl. hierzu Abbildung 5). Die Fragen hierzu lauteten: Wie häufig stellen Sie den Großteil Ihrer Saisonarbeiter über die Jahre hinweg an? Also wie häufig kommt die Mehrzahl Ihrer Arbeitnehmer zu Ihnen?

---

[82]Vgl. BASTGEN (2012)

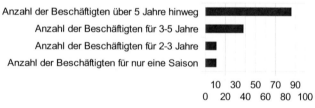

Anzahl der Beschäftigten über 5 Jahre hinweg
Anzahl der Beschäftigten für 3-5 Jahre
Anzahl der Beschäftigten für 2-3 Jahre
Anzahl der Beschäftigten für nur eine Saison

0 10 20 30 40 50 60 70 80 90 100

Anzahl Beschäftigte

Abbildung 5: **Häufigkeiten der Wanderungsbesuche über die Jahre hinweg**
Quelle: Eigene Befragung

Diese geringen Fluktuationen in der Beschäftigung der Saisonarbeitnehmer korrelieren vermutlich positiv mit der Arbeitsleistung der Beschäftigten. Die Zufriedenheit der Arbeitgeber mit der Arbeitsleistung der Saisonarbeitnehmer zeigt sich am deutlichsten in der Wiederbeschäftigung derer. Aber auch von Arbeitnehmerseite wird es einen Zusammenhang zwischen einer erneuten Wanderung und der Zufriedenheit mit dem Arbeitsplatz und Arbeitgeber geben. Saisonarbeitnehmer sind nach wie vor gesucht und es wäre ein Leichtes einen neuen Arbeitgeber zu finden. Dennoch finden hier Wanderungen über mehrere Jahre statt. Auffallend in den Befragungen sind auch die Vielzahl von Betrieben die Ihre Saisonarbeitskräfte über fünf Jahre hinweg beschäftigen. Die Grenze nach oben reicht hier bis hin zu Beschäftigungsdauern von bis zu 40 Jahren. Viele Betriebe beschäftigen mittlerweile schon die zweite oder gar dritte Generation von Saisonarbeiterfamilien. Die Beschäftigungsdauern bei den Befragungen innerhalb einer Saison reichen von mindestens 4 Wochen bis hin zu Beschäftigungsverhältnissen von über 12 Wochen (vgl. hierzu Abbildung 6). Der Großteil der Betriebe beschäftigt seine Saisonarbeitnehmer bis zu acht Wochen. Dieser Umstand hängt damit zusammen, da eine typische Arbeitsspitze im mittelständischen Weinbau, wie die Laubarbeit im Sommer, die Rebarbeit im Winter oder dem Traubenlesen, ungefähr dieses Zeitfenster benötigt.

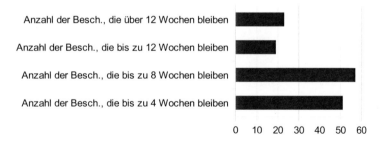

Abbildung 6: **Dauer der Wanderungsbesuche pro Saison**
Quelle: Eigene Befragung

6.4 Berufsgruppen und Altersklassen der Saisonarbeitnehmer

Betrachtet man die Bildungsabschlüsse von Saisonarbeitnehmern, hat sich in den letzten Jahren ein deutlicher Wandel vollzogen. Zu Beginn der 90er Jahre waren in der Landwirtschaft Saisonarbeitskräfte mit hohen Bildungsabschlüssen und dementsprechenden Qualifikationen sehr häufig zu finden. Bedingt durch die Abnahme der Kaufkraftgefälle, die Beschäftigungen in der Bundesrepublik Deutschland, aus Sicht einiger Länder wie bspw. Polen, weniger attraktiv machten hat sich hier allerdings ein Wandel vollzogen. Aktuell werden Wanderungen überwiegend von Personen mit einfachen bis mittleren Bildungsabschlüssen vollzogen.[83] Auffällig ist das in den Heimatländern der Wanderer immer mehr junge Menschen studieren und höhere berufliche Qualifikationen anstreben. In Polen beispielsweise nehmen 51 % eines Abiturjahrgangs ein Studium auf. In Deutschland hingegen lag diese Zahl im Jahr 2009 nur bei 43,3 %.[84] Diese allgemeine Entwicklung spiegelte sich auch in der hier durchgeführten Befragungen wider. Der überwiegende Teil der Wanderer ist im jeweiligen Heimatland als Arbeiter beschäftigt (vgl. hierzu Abbildung 7). Insgesamt wurden von den befragten Betrieben insgesamt nur neun Angestellte beschäftigt. Darüber hinaus reisten 18 Selbstständige zur Arbeitsaufnahme nach Deutschland an. Bei diesen Personen ist mit einer hohen Wahrscheinlichkeit davon auszugehen, dass es sich bei diesen um Landwirte handelt. Der Berufsstand der Landwirte wird sehr gerne zur Saisonarbeit eingeladen, da diese Personen bereits mit der Arbeit auf den Feldern und mit der Betätigung von landwirtschaftlichen Maschinen vertraut sind.

---

[83] Vgl. BECKER (2010), S. 132
[84] Vgl. STEIER (2011), S. 52

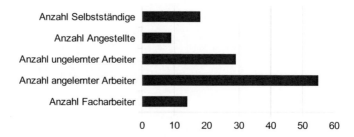

Abbildung 7: **Berufliche Stellungen der Saisonarbeiter im Heimatland**
Quelle: Eigene Befragung

Betrachtet man die Altersstrukturen der Saisonarbeiter, lassen sich hier Beschäftigte in allen Altersklassen wiederfinden. Der Großteil der befragten Betriebe beschäftigte allerdings bevorzugt Personen im Alter von 30-40 Jahren. Dies liegt vermutlich daran, da diese Altersklasse das bestmögliche Arbeitsalter widerspiegelt. Diese Tatsache wirkt vermutlich zuerst als moralisch bedenklich. Der Geograph Prof. Dr. Helmut Schrettenbrunner stellte in diesem Zusammenhang für die dauerhafte Migration bereits 1971 fest:

„Die Selektion der ausländischen Arbeitnehmer nach den arbeitsaktivsten Altersgruppen stellt für uns gegenseitig einen großen Vorteil dar, da die Belastung durch nicht mehr aktive Jahrgänge wesentlich geringer als bei den Einheimischen ist. Man kann deshalb sehr besorgte Stimmen aus den Herkunftsgebieten vernehmen, die von einem „Aderlaß der Nation" oder dem Exodus der Besten" sprechen und die Bundesrepublik Deutschland als Kapitalmacht betrachten, die Arbeitskraft wie Stückgut importiert."[85]

Für die Saisonarbeiterbeschäftigung kann dem an dieser Stelle entgegen gehalten werden, dass den zweiten Platz in dieser Statistik die Altersklasse 40 plus verbucht (vgl. hierzu Abbildung 8). Hierunter fallen auch viele Rentner, die zum Nebenverdienst zur Rente Wanderungen nach Deutschland vornehmen. Rentner stellen einen beliebten Personenkreis zur Saisonarbeiterbeschäftigung dar, da diese in Deutschland sozialversicherungsfrei beschäftigt werden können solange eine Beschäftigungsdauer von weniger als 50 Tagen eingehalten wird. Dies gilt im Übrigen auch für Schüler, Studenten, Hausfrauen und Selbstständige die im Heimatland eine Tätigkeit ausüben die nicht der Saisonarbeit ähnelt.[86]

---
[85] SCHRETTENBRUNNER (1971), S. 44
[86] Vgl. WOLBECK (2012), S. 7

Insgesamt kann also festgehalten werden, dass zumindest in der Saisonarbeit, Arbeitnehmer aus verschiedenen Altersklassen beschäftigt werden.

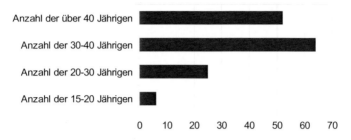

Abbildung 8: Altersklassen der Saisonarbeiter
Quelle: Eigene Befragung

6.5 Rekrutierung der Saisonarbeitnehmer

Bei der Rekrutierung der Saisonarbeiter greifen fast alle Betriebe auf die eigenen Beschäftigten zurück, die eigene Landsleute dann weitervermitteln. In der Praxis sieht dies dann häufig so aus, dass der Arbeitgeber seiner Saisonarbeiterkraft den Auftrag gibt, für die nächste Saison einen neuen Kollegen mitzubringen. Zu diesem Ergebnis kam auch das Osteuropa-Institut München, das im Jahre 2003 eine Befragung bei 16 Betrieben durchführte:

> *„Bei der Rekrutierung bauten die Arbeitgeber nahezu ausschließlich auf die Kompetenz von bereits beschäftigten polnischen Arbeitsmigranten, die nach Ihrer Erfahrung schnell und effektiv geeignete Personen für die anfallenden Arbeiten ausfindig machten."*[87]

Der Arbeitgeber äußert dann zumeist Wünsche, über welche Berufserfahrungen der neue Arbeitnehmer verfügen, welches Alter er haben sollte und welches Geschlecht benötigt wird. Hier geht es darum, ob zum Beispiel eine Arbeitskraft für das Feld, im Betrieb oder eine Hilfe in der Küche bzw. im Haushalt benötigt wird. Dadurch, dass Saisonarbeiterplätze in der Regel begehrt sind, lassen sich schnell neue Arbeitskräfte finden. Häufig verlangen die vermittelnden Saisonarbeiter eine Provision bzw. ein Handgeld für die Vermittlung vom neuen Kollegen. Ein Vorteil den diese Form der Vermittlung mit sich bringt liegt darin, dass die Saisonarbeiter natürlich häufig ihnen bekannte Personen oder gar Familienmitglieder anwerben. Die Integration, Kommunikation und Einarbeitung fällt dann für die neuen Kollegen wesentlich leichter. Für

---

[87] DIETZ (2004), S. VII

den Arbeitgeber ergibt sich der Vorteil, dass Suchkosten über Agenturen entfallen und dass er sich bei der Qualität der Arbeitskraft in der Regel sicherer wiegen kann, als dies bei einer Vermittlungsagentur vermutlich der Fall wäre.[88] Daher wurden die existierenden Agenturen wie die privaten Vermittlungsfirmen gp People, Arpro oder Seniocare 24 von keinem der intervieweten Betriebe benutzt. Diese Firmen konzentrieren sich in der Regel auch häufiger auf die Vermittlung von Pflegepersonal, bei denen berufliche Qualifikationen von einer höheren Bedeutung als bei Saisonarbeitnehmern sind. Eine weitere Form der Rekrutierung der Saisonarbeiter ist das persönliche Anfragen dieser in den Betrieben. Häufig fahren ausländische Arbeitskräfte auf eigene Faust spontan in die Bundesrepublik und „klappern Betriebe ab" bis sie eine Anstellung gefunden haben. Als letzte Form der Anwerbung, insbesondere im Weinbau, kann das Rekrutieren von ausländischen Weinbaustudenten gesehen werden. Die Weinbaustudenten bewerben sich häufig direkt bei den Winzern oder werden über Partnerprogramme, wie beispielsweise bei der FH Geisenheim angeboten, an die Betriebe vermittelt. Der Vorteil für die ausländischen Studenten besteht dann darin neben dem Sammeln von weitreichender Berufserfahrung, auch einen Zuverdienst zu erhalten.

---

[88] Vgl. BASTGEN (2012)

7. Moralische Bedenken bei der Saisonarbeitnehmerbeschäftigung

Wie bereits im Verlauf dieser Arbeit aufgezeigt wurde, ist es für die deutsche Landwirtschaft mit einer großen Schwierigkeit verbunden, heimische Arbeitskräfte für Beschäftigungsverhältnisse zu gewinnen. Obwohl dieses Problem allgemein bekannt ist, werden die hiesigen Landwirte und Winzer immer wieder massiver Kritik, insbesondere seitens der Politik und seitens der Gewerkschaften, ausgesetzt, wenn es um die Beschäftigung von Saisonarbeitern geht. Ein Kritikpunkt der häufig und vor allem von den Gewerkschaften erhoben wird, ist, dass feste Arbeitsplätze in Landwirtschaft und Gartenbau häufig in Saisonarbeitsplätze umgewandelt worden seien. Hierdurch sei es zu einer Vernichtung fester Beschäftigungsverhältnisse gekommen. Die Gewerkschaften bemängeln in diesem Zusammenhang, dass in den 1950er und 1960er Jahren vorwiegend inländische Hausfrauen, Schüler, Studenten und Arbeitslose die Arbeitsspitzen in der Landwirtschaft verrichtet hätten. Dies sei in der Gegenwart nicht mehr der Fall. Des Weiteren bemängeln die Gewerkschaften, dass viele Betriebe Saisonarbeiter beschäftigen, obwohl diese Betriebe gar keine typischen Saisonarbeiten zu verrichten hätten. Als Beispiel werden hier gerne Milchproduktionsbetriebe genannt, die eine ganzjährige Stallhaltung betreiben. Die Kühe werden dort selbstredend jeden Tag gefüttert und gemolken, jedoch splitten die landwirtschaftlichen Betriebe Ihre Wertschöpfungsketten in verschiedene Tätigkeitsbereiche, sodass Saisonarbeitnehmer eingestellt werden können. Außerdem würden die Arbeitgeber Unverhältnismäßigkeiten in der Personalbeschäftigung innerhalb der Unternehmen betreiben. Viele Landwirtschaftsbetriebe beschäftigen nur wenige Festangestellte, dafür aber häufig eine hundertfache Zahl an Saisonarbeitnehmern. Doch nicht nur der Wegfall von Festanstellungsverhältnissen wird von Gewerkschaften thematisiert, sondern auch die Art und Weise wie mit den Saisonarbeitnehmern an sich umgegangen wird. Viele der Saisonarbeitnehmer die für die Landwirtschaft einreisen, würden häufig in landwirtschaftsfremden Tätigkeitsbereichen, wie Reparaturen und der Grünanlagenpflege, eingesetzt werden. Außerdem würden die Arbeiter hier teils sieben-Tage-Wochen zu ,,Hungerlöhnen" absolvieren.[89] ,,Dass hier de facto Lohndumping stattfindet, das einen erheblichen Druck auf die bestehende Einkommensstruktur ausübt, [stünde] außer Zweifel."[90] Zusammengefasst geraten landwirtschaftliche Betriebe also in einen moralischen Konflikt mit der hiesigen Gesellschaft, nämlich dann wenn erklärt werden muss, warum Saisonar-

---
[89] Vgl. SPAHN (1999), S. 44 ff.
[90] SPAHN (1999), S. 48

beitnehmer statt Inländer eingesetzt werden und zu anderem werden landwirtschaftliche Betriebe mit einem moralischen Konflikt gegenüber den Saisonarbeitnehmern in Puncto Dumpinglöhnen und der Behandlung derer konfrontiert. Diese Kritikpunkte sollen im Folgenden näher analysiert werden.

7.1 Saisonarbeiterlöhne im Zwiespalt zwischen Wettbewerbsdruck und Moral

Die deutsche Landwirtschaft befindet sich, unter anderem aufgrund der Globalisierung und der Diskountisierung in unserer Gesellschaft, in einem immer härter werdenden Wettbewerb. Die Diskussionen um die Milchpreise bei den Landwirten oder die Diskussionen um die sinkenden Fassweinpreise im Weinbau sind nur einige Belege dafür. Letztgenanntes soll hier kurz am Beispiel des Weinbaus an der Mosel erläutert und auf die Saisonarbeiterbeschäftigung projiziert werden. Laut dem letzten Weinwirtschaftsbericht für das Jahr 2010 lag die Weinproduktion für 2009 weltweit bei ca. 270 Millionen Hektoliter. Der Weinkonsum steigt weltweit stetig an. Dennoch wirtschaften deutsche Winzer aufgrund der derzeitigen Fassweinpreise häufig noch unter Vollkostendeckung (vgl. dazu auch Abbildung 9).

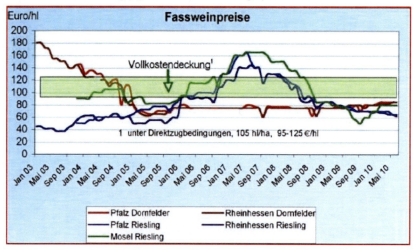

Abbildung 9: Fassweinpreise und Vollkostendeckung in RLP
Quelle: Fassweinpreisnotierungen des Kompetenzzentrums Weinmarkt und Weinmarketing RLP im Weinwirtschaftsbericht 2010 des MT f. W,V,LW und WB (201), S. 68

Ein Grund für diese Situation sind unter anderem die Fassweinimporte nach Deutschland. Die deutschen Kellereien und Genossenschaften beziehen den Fasswein zu immer günstigeren Preisen aus dem Ausland und verarbeiten diesen weiter, um ihn als Flaschenwein an den Lebensmittelhandel, insbesondere an die Discounter, weiterzuleiten.[91] Für die günstigen Fassweinpreise aus dem Ausland sind mitunter die geringeren Lohnkosten in Ländern wie beispielsweise Italien verantwortlich. Um im Wettbewerb mit den Discountern mithalten zu können, müssen die Vollerwerbswinzer, vor allem in den mittleren Betriebsgrößen, sich geschäftsstrategisch neu ausrichten. Eine neue Strategie, die vor allem an der Mosel, in den letzten Jahren immer mehr verfolgt wird, ist auf Qualität zu setzten. Um qualitativ hochwertigen Wein zu erzeugen, ist ein großes Arbeitspensum von Nöten - die Wertschöpfungsketten in den Betrieben werden länger. Beispiele sind dafür das Entblättern der Weinanlagen, das Herausschneiden der Trauben mit Übermengencharakter oder das Selektieren der Beeren während der Ernte.[92] Diese Arbeiten können von den Familienbetrieben nicht alleine erledigt werden und es werden Arbeitskräfte benötigt. Beachtet man den Umstand, dass für qualitativ hochwertige Weine sich besonders Steilanlagen eignen, die zum Beispiel an der Mosel Steigungen mit bis zu 68° Neigungswinkel erreichen, wird die Schwierigkeit der Bewirtschaftung dieser Anlagen deutlich. Um dann wettbewerbsfähig bleiben zu können, müssen sich die Löhne in einem verträglichen Rahmen befinden. Inländische Arbeitskräfte sind zumeist für diese Arbeiten zu diesen Löhne nicht zu gewinnen. Der Vorwurf der Gewerkschaften, Saisonarbeiter würden in der Landwirtschaft zu „Hungerlöhnen" angestellt werden, ist im Zeichen der Globalisierung und im internationalen Vergleich m.E. dann nur noch schwer haltbar. Der geltende Tariflohn für Saisonarbeitskräfte im Tarifgebiet Rheinland-Nassau beträgt 6,40 € pro Stunde. Dieser gilt allerdings nur als Untergrenze, wenn der Arbeitgeber Arbeitgeberverbandmitglied ist und der Beschäftigte Gewerkschaftsmitglied ist. Wenn dies nicht der Fall ist, muss vom Arbeitgeber lediglich ein Lohn gezahlt werden der nicht sittenwidrig ist. Sittenwidrigkeit läge vor, wenn der Lohn 2/3 des Tariflohns unterschreitet, dies entspräche einer Lohngrenze von 4,27 €. Der Bauern- und Winzerverband Rheinland-Nassau rät den Winzern aber explizit dazu einen leistungsgerechten und angemessenen Lohn zu zahlen, da sonst viele Saisonarbeitskräfte in besser bezahlende Branchen abwandern würden.[93] Dieser Tariflohn wird in der Regel von den Winzern auch eingehalten. Bei den hier durchgeführten Befragungen hielten sich alle Betriebe an den Richtwert des Ta-

---

[91] Vgl. MINISTERIUM FÜR WIRTSCHAFT, VERKEHR, LANDWIRTSCHAFT UND WEINBAU RLP (2010), S. 16 ff.
[92] Vgl. BASTGEN (2012)
[93] Vgl. BAUERN UND WINZERVERBAND RHEINLAND-NASSAU (2011)

riflohns, wobei die meisten sogar höhere Arbeitslöhne ausbezahlten (vgl. hierzu auch Abbildung 10).[94] Lediglich drei Betriebe zahlten keine höhere Vergütung als den festgelegten Richtwert.

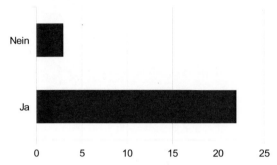

Zahlen Sie eine höhere Vergütung als den festgelegten Mindestlohn?

Abbildung 10: **Häufigkeiten der Lohnzahlungen über dem Mindestlohn**
Quelle: Eigene Befragung

Um wettbewerbsfähig zu bleiben sind die Betriebe also auf Saisonarbeiter angewiesen. Dies sieht auch Frau Dr. Barbara Dietz vom Osteuropa-Institut München für die Landwirtschaft insgesamt ähnlich:

„Vor dem Hintergrund der Schwierigkeiten, heimische Saisonarbeiter für die landwirtschaftliche Produktion zu rekrutieren, kann zweifelsos davon ausgegangen werden, dass die Beschäftigung osteuropäischer Saisonarbeitskräfte dazu beigetragen hat, die Wettbewerbsfähigkeit der deutschen Landwirtschaft zu sichern."[95]

7.1.1 Lohnzufriedenheit der Saisonarbeitnehmer

Im Rahmen der für diese Arbeit durchgeführten Untersuchungen wurden die Arbeitgeber auch zur Zufriedenheit der Beschäftigten mit Ihren Löhnen befragt. Die Auskünfte der Arbeitgeber haben hier natürlich nur einen subjektiven Charakter und können keinen Anspruch auf eine allgemeine Gültigkeit erheben. Der Großteil der Betriebe beantwortete die Frage, ob Ihre Saisonarbeitnehmer mit Ihren Löhnen zufrieden sind mit Ja (vgl. Hierzu auch Abbildung 11). Die Betriebe mit denen ich im persönlichen Kontakt stand, machten die Beantwortung an der Häufigkeit der

---
[94] Speziell bei Familienbetrieben des Weinbaus an der Mosel ist es häufig Usus den vorgeschlagenen Tariflohn auf volle Euro aufzurunden.
[95] DIETZ (2004) S.13

Besuche ihrer Saisonarbeitnehmer aus. Die meisten Betriebe arbeiten mit Saisonarbeitnehmern, die schon über viele Jahre hinweg immer wieder zur Arbeitsaufnahme wandern. Ein weiteres Indiz für die Zufriedenheit der Arbeitnehmer zeigt sich in den wenigen frühzeitigen Abreisen der Arbeitnehmer die fast gegen null tendieren. Nicht außer Acht gelassen werden darf, dass viele Betriebe ihre Beschäftigten über die laufenden Stundenlöhne hinaus mit Sonderzahlungen vergüten (vgl. Hierzu Abbildung 12). Diese Boni werden häufig für eine besonders schnelle oder sorgfältige Arbeitserledigung gezahlt. Des Weiteren sind viele Saisonarbeitnehmer in den Familienbetrieben so sehr integriert, dass auch Geldzuwendungen zu diversen Familienanlässen der Beschäftigten keine Ausnahmen darstellen.

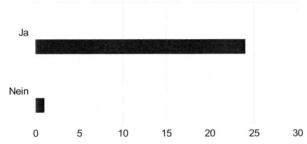

Glauben Sie, dass Ihre Saisonarbeitnehmer mit Ihren Löhnen zufrieden sind?

Abbildung 11: **Lohnzufriedenheit der Saisonarbeitnehmer**
Quelle: Eigene Befragung

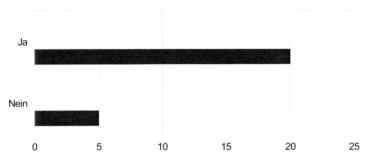

Zahlen Sie Ihren Saisonarbeitnehmern Zuschüsse o. Boni für besonders erbrachte Leistungen

Abbildung 12: **Bonuszahlungen an Saisonarbeiter**
Quelle: Eigene Befragung

7.1.2 Löhne im Vergleich zum Arbeitspensum der Saisonarbeitnehmer

Untersucht man die moralischen Aspekte der Saisonarbeiterlöhne, müssen diese in einen Vergleich zur Arbeitsleistung der Saisonarbeitskräfte gesetzt werden. Wie bereits dargestellt ist die Arbeit im Weinbau, sei es nun die Ernte oder eine andere Arbeitsspitze, körperlich sehr anstrengend. Dies ist nicht nur im Weinbau der Fall, sondern auch bei nahezu allen anderen landwirtschaftlichen Tätigkeiten.[96] Es erscheint dann fragwürdig ob Stundenlöhne in einem Bereich von sechs bis sieben Euro diese körperlich anstrengenden Arbeiten genügend würdigen. Den landwirtschaftlichen Betrieben wird in diesem Zusammenhang des Weiteren häufig vorgeworfen, dass über die ohnehin schon anstrengende Arbeit hinweg, die Saisonarbeitskräfte unverhältnismäßig viele Arbeitsstunden ableisten müssten.[97] Dies kann basierend auf den hier beschriebenen Untersuchungen nicht bestätigt werden. Die meisten Betriebe setzen Ihre Beschäftigten 8-10 Stunden am Tag ein (vgl. hierzu Abbildung 13), bei einer wöchentlichen Arbeitsleistung zwischen 5 und 6 Tagen (vgl. hierzu Abbildung 14). Es wird also allen Beschäftigten ein freier Tag in der Woche ermöglicht. Die Mittagspause für die Beschäftigten beträgt in der Regel eine Stunde.

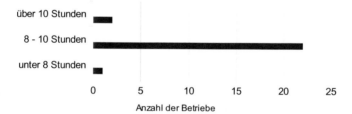

Abbildung 13: **Arbeitsleistungen der Saisonarbeiter pro Tag**
Quelle: Eigene Befragung

---

[96] Eine Ausnahme bilden hier die bereits erwähnten Zuarbeiten, wie das Sortieren der Ernte, das Abpacken in Kisten etc.
[97] Vgl. SPAHN (1999), S. 46

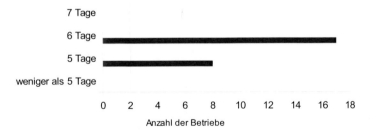

Abbildung 14: **Arbeitsleistung der Saisonarbeiter in Wochentagen**
Quelle: Eigene Befragung

Darüber hinaus ist zu beachten, dass witterungsbedingt generell nicht jeder Tag gearbeitet werden kann. Dies ist im Weinbau zum Beispiel bei starkem Regen der Fall weil dadurch die Mostgewichte sinken.[98] Im Allgemeinen kann man also davon ausgehen, dass die durchschnittliche Arbeitszeit im Weinbau bei ca. 5 Arbeitstagen à 9 Stunden liegt. Rechnet man dies mit einem durchschnittlichen Wanderungsbesuch von 8 Wochen und einem Stundenlohn von 6,50 € hoch, entspräche dies einem durchschnittlichen Monatslohn von rund 1.200 € netto.[99] In vergleichbaren körperlich anstrengenden Berufen wie dem des Fleischers, Betonbauers oder Maurers werden in Deutschland monatliche Bruttolöhne von ca. 2.300 – 2.500 € gezahlt.[100] Man befindet sich dann, je nach Abzügen, in einem Nettolohnsegment von durchschnittlich ca. 1.500 € plus. Inwieweit die Löhne an Saisonarbeitnehmer aufgrund dieser Zahlen moralisch gerechtfertigt sind, soll dem Leser an dieser Stelle selbst überlassen werden. Der Großteil der hier befragten Betriebe sah ihren ausbezahlten Lohn allerdings als angemessen an. Die Frage hierzu lautete: Wenn sie an die Arbeit denken, die Ihre Beschäftigten verrichten, halten Sie Ihren ausbezahlten Lohn dann für angemessen (vgl. hierzu Abbildung 15)?

---

[98] Vgl. BASTGEN, MARKUS (2012)
[99] Hier ist zu beachten, dass in vielen Fällen Miete und Verpflegung für die Saisonarbeitnehmer exklusive zu betrachten sind. Der Nettolohn ist dann also höher einzuschätzen als 1.200 €.
[100] Vgl. HIRZEL (2011)

Abbildung 15: Angemessenheit der Löhne aus Arbeitgebersicht
Quelle: Eigene Befragung

7.1.3 Auswirkungen der Saisonarbeiterbeschäftigung auf das Inländereinkommen

Schenkt man dem Volksmund Glauben, führt die Zuwanderung von Gastarbeitern zu einer Verringerung des Lohnniveaus einheimischer Arbeitskräfte bzw. zu deren Verdrängung aus dem Arbeitsmarkt. Diese allgemeine Meinung rührt unter anderem daher, da Gastarbeiter häufig bereit sind ihre Arbeitskraft zu einem geringeren Entgelt als Einheimische anzubieten. Die wirtschaftswissenschaftliche Theorie kommt diesbezüglich jedoch zu keinerlei eindeutiger Aussage. Auf der einen Seite kann bei einem Arbeitsmarktungleichgewicht Zuwanderung zu einer höheren Arbeitslosigkeit führen, wenn dieses Ungleichgewicht durch die Wirtschaftspolitik nicht kompensiert wird. Auf der anderen Seite entstehen durch die Arbeitsmigration aber auch positive Effekte, wie zum Beispiel die Konsumausgaben der Migranten.[101] Um die Problematik näher betrachten zu können muss man von zwei möglichen Arbeitnehmerbeziehungen zwischen Inländern und Migranten ausgehen. Zum einen substitutionale und zum anderen komplementäre. Wenn beide Arbeitnehmergruppen gleiche Qualifikationen aufweisen, also in einer substitutionalen Beziehung zueinander stehen, bewirkt die Zuwanderung eine Lohnsenkung auf heimischer Arbeitnehmerseite. Ergänzen sich die Arbeitnehmergruppen jedoch im Produktionsprozess, bewirkt die Zuwanderung eine Lohnerhöhung für einheimische Arbeitnehmer.[102] Dies ist bei temporärer Arbeitsmigration ein typischer Fall. Die Saisonarbeitnehmer erledigen Vor- und

---

[101] Hier muss beachtet werden dass temporäre Migranten natürlich tendenziell weniger konsumieren werden, da ihr Aufenthalt nur von begrenzter Dauer ist.
[102] Vgl. BAUER (2000)

Nebenarbeiten die für eine Anstellung von ausgebildeten Arbeitnehmern zu kostenintensiv wären. Die Einstellung von Saisonarbeitnehmern hätte dann also nur negative Effekte auf gering qualifizierte einheimische Arbeitnehmer. Höher qualifizierte inländische Arbeitnehmer können hier hingegen mit positiven Effekten rechnen. Temporäre Arbeitsmigranten können also nur unter bestimmten Bedingungen eine Gefahr für einheimische Arbeitnehmer darstellen. Zum Beispiel dann wenn sie gleich qualifizierte einheimische Arbeitnehmer ersetzen. Feste einheimische Arbeitsplätze geraten also nur dann in Gefahr, wenn Arbeitsmigranten die betreffenden Tätigkeiten in vollem Umfang übernehmen würden.[103] Dies ist bei Saisonarbeitern allerdings nicht der Fall. Das Forschungsinstitut zur Zukunft der Arbeit hielt 2009 darüber hinaus fest, dass es fünf Jahre nach der EU-Osterweiterung keine Hinweise darauf gäbe, dass Zuwanderer aus den neuen EU-Staaten einheimische Arbeitnehmer verdrängt hätten oder einen Druck auf deren Löhne ausübten.[104]

7.2 Das generelle Problem der Vorurteile innerhalb der Saisonarbeitnehmerbeschäftigung

Saisonarbeiter werden häufig zum Gegenstand von Vorurteilen und Stereotypen. Vorurteile können wie folgt definiert werden:

Vorurteile stellen eine besondere Art der negativen Einstellung - vorrangig gegenüber Personen oder Personengruppen - dar. Meist handelt es sich um eine herabsetzende, vorgefestigte Bewertung, die gegenüber allen oder den meisten Menschen bestimmter Gruppen entgegen gebracht wird.[105]

Denkt man an die Ursprungsländer, die die größten Wanderungszahlen hervorbringen, wie Polen oder Rumänien, fallen uns schnell einige Stereotypen ein. Das häufigste Vorurteil, das in den Köpfen vieler Menschen existiert, ist tragischer Weise das Bild des diebischen und schwarzarbeitenden Polen oder Rumänen. Dass diese Stereotypen eine nach wie vor hohe Aktualität aufweisen, lässt sich in der Praxis häufig beobachten. Die vorherrschenden Meinungen können vor allem auch in der Praxis des Arbeitsalltags beobachtet werden. Es ist keine Seltenheit, dass Einheimische lieber zweimal nachschauen ob die Häuser oder die Autos auch wirklich verschlossen sind, wenn „die Polen im Dorf sind." Darüber hinaus sehen wir Deutsche in unseren östlichen Nachbarländern häufig rückständige, graue und

---
[103] Vgl. D<small>IETZ</small> (2004), S. 14
[104] Vgl. R<small>INNE UND</small> Z<small>IMMERMANN</small> (2009), S. 9
[105] K<small>ULBE</small> (2009), S. 113

unmoderne Staaten, die über schlechte Infrastrukturen und niedrige Bildungsniveaus verfügen. Viele Deutsche trauen den Saisonarbeitern aufgrund dieses Denkens dann auch leider wenig zu. Über die Vorurteils-Problematik beschweren sich Saisonarbeiter häufig und die Unzufriedenheit mit dieser Situation kann oftmals beobachtet werden. Die Arbeiter nehmen die vorgefestigten Meinungen der Deutschen wahr und dies führt im Umkehrschluss zu eigens gebildeten Vorurteilen. Dadurch, dass die Saisonarbeiter die vorherrschenden Meinungen wie Unterentwicklung und Unmoderne wahrnehmen, lassen uns Deutsche häufig als arrogant und hochnäsig wirken. Im Arbeitsalltag treffen dann zweierlei Lager der Vorurteile aufeinander und dies kann sich selbstredend negativ auf die sozialen Beziehungen zwischen Deutschen und Saisonarbeitern auswirken. Es lässt sich in der Praxis allerdings beobachten, dass die Vorurteilsproblematik zu mindestens im Mikrokosmos eines Betriebes verschwindend gering ist. Wenn sich die Betreffenden Gruppen im Arbeitsalltag und darüber hinaus im Privaten kennen und respektieren lernen, drehen sich diese Vorurteile häufig um. Der Deutsche hat einen hohen Respekt vor der Arbeitsleistung und der Arbeitsmoral der ausländischen Beschäftigten und diese sehen in den deutschen Arbeitgebern häufig Vorbilder, die aufgrund des Wohlstandes imponierend wirken. Eigene Erfahrungen und Befragungen haben dies untermauert. In den Befragungen konnten keinerlei Vorurteile seitens der Betriebe erkannt werden. Den Saisonarbeitern wird der gleiche Respekt wie den inländischen Beschäftigten entgegen gebracht.

7.3 Wohnverhältnisse der Saisonarbeitnehmer

Die Historie der Ausländerbeschäftigung wird seit jeher von negativen Berichten über die Wohnverhältnisse der Beschäftigten begleitet. Bereits in den frühen 1900er Jahren wurde die soziale Lage der ausländischen Wanderarbeiter Gegenstand heftiger Kritik. Seitens der Sozialdemokratie, aber auch von bürgerlichen Autoren wurden die Arbeits- und Lebensbedingungen von Auslandspolen häufig als menschenunwürdig beschrieben.[106] Als im Zuge des Wirtschaftswunders nach und nach immer mehr Anwerbeverträge mit Partnerländern geschlossen wurden, wurde dieses Problem nicht kleiner. Die Arbeitgeber sahen sich nun dem Problem ausgesetzt, die vielen Gastarbeiter unterzubringen. Bis zum Anwerbestopp Ende 1973 waren die Arbeitgeber verpflichtet den Gastarbeitern Unterkünfte bereitzustellen. Dies geschah häufig in sogenannten „Gemeinschafts-" oder „Sammelunterkünften". Es handelte sich hierbei zumeist um Behausungen in Nähe

---

[106] Vgl. HERBERT (2001), S. 37 f.

der Fabriken, angemietete Wohnhäuser oder behelfsmäßige Bauten, wie Wohnwagen und Baracken. Zwar wurden für diese Wohngelegenheiten immer wieder neue Standards gesetzlich festgelegt, dennoch waren die Wohnverhältnisse unzureichend. Mit fortschreitender Aufenthaltsdauer, Akkulturation und Assimilation passten sich die Wohnwünsche der Gastarbeiter natürlich immer mehr den deutschen Lebens- und Wohnstandards an.[107] Viele Gastarbeiter, vor allem diese, die einen dauernden Aufenthalt planten, suchten sich eigene Mietwohnungen und verließen die vom Arbeitgeber bereitgestellten Unterkünfte. Der Anteil der Ausländer, die in der Bundesrepublik in Behelfs- oder Gemeinschaftsunterkünften leben, ist mittlerweile verschwindend gering. Lediglich polnische Erntehelfer leben in größerer Zahl in solchen Unterkünften.[108] Vor allem die größeren landwirtschaftlichen Betriebe, die Saisonarbeiter in zwei- oder höherstelliger Anzahl einstellen, greifen bei der Unterbringung auf angemietete Häuser oder angemietete Wohncontainer zurück. Diese Unterbringungen weisen natürlich nach wie vor ganz unterschiedliche Qualitätsmerkmale auf.

„Werden Wohnverhältnisse untersucht, so geht man von gewissen Vorstellungen über die Funktionen, die eine Behausung erfüllen sollte, aus, die sozialkulturell verschieden ausfallen, zumindest in ihrer Gewichtung und Rangfolge. Eine Wohnung bedeutet Zufluchtsstätte vor Witterung und Belästigungen durch Mitmenschen, Schlafstätte, Ort für Körperhygiene, Kochen und Essen, Freizeitaktivitäten und Geselligkeit. [...]"[109]

Des Weiteren sollte die Unterbringung der Regeneration dienen und einen Rückzugsort ins Private generell ermöglichen.[110] Diese Grundanforderungen an eine „Behausung" wurden von allen Betrieben in den Befragungen erfüllt. Ein Großteil der Arbeitgeber an der Mosel, insbesondere die mittelständischen Betriebe, greift für die Unterbringung der Saisonarbeitnehmer auf eigene Gästezimmer und Ferienwohnungen in den Wohnhäusern zurück. Die Tatsache, dass es sich bei der Mosel um ein beliebtes Tourismusziel handelt, schafft für viele Weinbaubetriebe den Anreiz sich ein Zubrot mit der Vermietung von Gästezimmern zu verdienen. Viele Betriebe verzichten dann zur Gewährleistung einer standesgemäßen Unterkunft ihrer Arbeiter während der Zeiten der Arbeitsspitzen auf diese Einnahmen.[111]

---

[107] Vgl. REIMANN (1987), S. 176 ff.
[108] Vgl. HERBERT (2001), S. 294
[109] REIMANN (1987), S. 175
[110] Vgl. HEINRICH (2005), S. 10
[111] Diese Nutzungen der Gästezimmer treffen nicht nur auf den Moselweinbau zu, sondern auch auf andere Weinbauregionen, die touristisch attraktiv sind wie beispielsweise Franken, die Ahr, die Pfalz und andere.

Dennoch kompensierten nur vier der befragten Betriebe die Unterbringungskosten durch Mieteinnahmen (vgl. hierzu Abbildung 16). Seit Anfang 2011 entfällt darüber hinaus die Verpflichtung den Saisonarbeitnehmern eine Unterkunft zur Verfügung zu stellen.[112] Dennoch kümmerten sich alle befragten Arbeitgeber selbst um die Unterbringung der Arbeitnehmer (vgl. hierzu Abbildung 17). Die Arbeitgeber müssen bei der Unterbringung dann allerdings die Anforderungen für Unterkünfte gemäß den Arbeitsstättenregelungen erfüllen.[113]

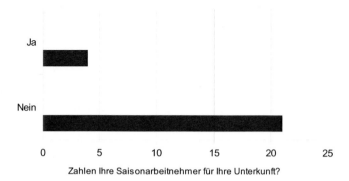

Abbildung 16: **Mietzahlungen der Saisonarbeiter**
Quelle: Eigene Befragung

Abbildung 17: **Unterbringung der Saisonarbeiter**
Quelle: Eigene Darstellung

---

[112] Vgl. BAUERN UND WINZERVERBAND RHEINLAND-NASSAU (2011)
[113] Vgl. BAUERN UND WINZERVERBAND RHEINLAND-NASSAU (2011)

Insgesamt kann hier festgehalten werden, dass sich die Arbeitgeberzufriedenheit (vgl. hierzu auch Abbildung 1) mit ausländischen Saisonarbeitnehmern sich auch in deren Beherbergung niederschlägt. M.E. werden sich die Arbeitgeber immer mehr der Tatsache bewusst, dass ein Indikator für eine zufriedenstellende Arbeitsleistung der Saisonarbeitnehmer auch angemessene Lebens- und Wohnverhältnisse sind. Ein weiteres Indiz hierfür ist die vielmals erbrachte kostenlose Verpflegung der Arbeitnehmer (vgl. hierzu Abbildung 18). In vielen Betrieben werden die Arbeitspausen auch mit dem gemeinsamen Frühstück, Mittag- oder Abendessen verbracht. Dies kann natürlich die Identifikation der Saisonarbeitnehmer mit dem Betrieb verbessern und sich so auch in verbesserten Arbeitsleistungen widerspiegeln.

Abbildung 18: **Verpflegung der Saisonarbeiter**
Quelle: Eigene Befragung

7.4 Integration der Saisonarbeitnehmer

Wie bereits in Abschnitt 2.2 dieser Arbeit erläutert, kann der Integrationsbegriff in unterschiedlichen Variationen auftreten. Zum einen charakterisiert er die Integration eines Individuums in seine Umwelt generell. Zum anderen gibt es aber spezifische Formen der Integration, wie zum Beispiel die betriebliche Integration. Die Integration von Saisonarbeitnehmern ist in der Literatur ein nahezu unbehandeltes Thema. Dies mag vor allem daran liegen, weil Saisonarbeitnehmer ein Land nur für eine kurze Zeit besuchen und integrative Prozesse der Saisonarbeiter, im Vergleich zu länger währenden Wanderungen, eine eher untergeordnete Rolle zu spielen scheinen. Dennoch soll an dieser Stelle, auf Grundlage der Befragungen, zumindest der Versuch unternommen werden eine These aufzustellen. Aufgrund der kurzen Wanderungsbesuche haben die Saisonarbeitnehmer vermutlich ein eher geringes

Interesse an einer Integration in der neuen Umwelt. Wenn man die Arbeitszeiten im Zielland ausblendet ‚wird die Wanderung von vielen Saisonarbeitern wie eine Art Urlaub verstanden. Die betreffende Person packt im Heimatland Ihren Koffer und weiß, dass sie nach wenigen Wochen wieder aus dem Zielland zurückkehren wird. Es ist also zu vermuten, dass integrative Initiativen der Saisonarbeitskräfte ausbleiben werden. Betrachtet man hingegen implizit die betriebliche Integration wird sich ein anderes Bild ergeben. Die Saisonarbeitskraft hat in der Regel ein Interesse daran, die Arbeitsabläufe im Betrieb schnell zu begreifen um effektiv wirtschaften zu können. Sie wird daher schnell versuchen sich den Kollegen und den Gepflogenheiten im Arbeitsalltag anzupassen und den Anweisungen der Arbeitgeber bzw. Vorarbeiter zu genügen. Auf der anderen Seite dürfte der Arbeitgeber ein Interesse an der Integration seiner Arbeitnehmer haben. Die Arbeitsleistung dieser wird vermutlich umso besser sein, je zufriedener die Arbeitskraft mit der entsprechenden Arbeit ist. Wichtige Faktoren hierfür sind unter anderem die sozialen Beziehungen zwischen Saisonarbeiter, Kollegen und Arbeitgeber sowie die Arbeitsaufgabe an sich. Damit der Saisonarbeitnehmer die zu bewältigen Aufgaben zur vollsten Zufriedenheit des Arbeitgebers erfüllt, ist es von hoher Wichtigkeit, dass sich dieser im Betriebsablauf integriert fühlt. Abschließend kann festgehalten werden, dass die Integrationen der Saisonarbeitnehmer aufgrund den vor bezeichneten Situationen häufig zweckmäßig und bedingt erfolgen. Dies soll hier natürlich keine Gesetzmäßigkeit begründen. Vor allem die Saisonarbeiter der älteren Generationen, welche über Jahre hinweg Wanderungen unternehmen, sind häufig über die Arbeit hinaus in den entsprechenden Arbeitgeber-Familien integriert.

8. Gibt es Alternativen zur Saisonarbeitnehmerbeschäftigung?

Wie bereits gezeigt wurde, ist es für die Arbeitgeber der deutschen Landwirtschaft mit einer großen Schwierigkeit verbunden, heimische Arbeitskräfte für die Saisonarbeit zu gewinnen. Auch die Versuche der Bundesregierung, einheimische Arbeitskräfte in der Saisonarbeit zu integrieren, können unterm Schnitt als gescheitert angesehen werden. Diese Versuche wurden von der Bundesregierung, neben den in Abschnitt drei erläutertetn Maßnahmen, in jüngster Vergangenheit erstmals 1998 unter der Regierung Kohl und nochmals 2006 unternommen. Im Jahre 2006 sollte nach den Plänen des damaligen Bundesarbeitsministers Franz Müntefering jeder Betrieb nur noch 80% der in diesem Jahr erteilten Zulassungen für ausländische Saisonarbeiter erhalten. Das Ziel der Bundesregierung bestand darin bis zu 32.500 erwerbslosen Inländern eine Saisonarbeiteranstellung zu vermitteln.[114] Die Landwirte und Winzer sahen sich nun dem Problem ausgesetzt deutsche Arbeitskräfte zu finden. Wie die Befragungen und Erfahrungen zeigten, erschienen allerdings die meisten der rekrutierten deutschen Arbeitskräfte erst gar nicht zum Arbeitsbeginn oder sie verließen die Betriebe wieder nach wenigen Tagen. Die Folgen aus diesem Dilemma verkörperten sich in Überstunden bei ausländischen Saisonarbeitern, in illegaler Saisonarbeiterbeschäftigung oder im vielleicht schlimmsten Falle in Ernteausfällen bei den Betrieben. Der Protest der Betriebe, der Landwirtschaftskammern und Genossenschaften ließ nicht lange auf sich warten. Die Versuche die Saisonarbeit in der Folgezeit einzuschränken wurden kleiner.[115] Es macht heutzutage den Anschein, dass auch von Seiten der Politik erkannt wurde, dass die deutsche Landwirtschaft ohne Saisonarbeiter nicht auskommt. Jedenfalls blieben Anstrengungen die Saisonarbeiterbeschäftigung einzuschränken in jüngster Vergangenheit aus. Alle 25 befragten Betriebe sind der Auffassung, dass ohne den Einsatz von Saisonarbeitern die Produktion nicht aufrechterhalten werden kann. Die Frage hierzu lautete: Nehmen Sie an, die Bundesregierung würde den Arbeitseinsatz von ausländischen Saisonarbeitnehmern verbieten. Glauben Sie, Sie könnten Ihre Produktion mit inländischen Arbeitskräften aufrechterhalten? (vgl. dazu Abbildung 19).

---

[114] Vgl. SÜDDEUTSCHE.DE (2005)
[115] Die damals angestellten Überlegungen der Bundesregierung sind heute ohnehin durch die EU-Beitritte der Wanderungsstaaten und durch die Arbeitnehmerfreizügigkeit nicht mehr durchführbar.

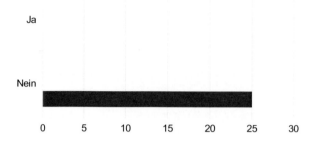

Abbildung 19: **Produktionsaufrechterhaltung bei einem Beschäftigungsverbot**
Quelle: Eigene Befragung

Eine weitere Problematik die eine Einschränkung der Saisonarbeiterbeschäftigung mit sich brächte, wäre die mangelnde Wettbewerbsfähigkeit der deutschen Landwirte und Winzer im internationalen Vergleich. Alle 25 befragten Betriebe waren der Auffassung, dass fehlende Saisonarbeiter zu einem Verlust in der Wettbewerbsfähigkeit führen würden. Die Frage hierzu lautete: Glauben Sie, die deutsche Landwirtschaft könnte im internationalen Vergleich ohne den Einsatz von ausländischen Saisonarbeitnehmern wettbewerbsfähig bleiben? (vgl. hierzu Abbildung 20). Zu dieser Ansicht gelangten auch schon die Landwirtschaftsvertreter in der Diskussion im Jahr 2006. Der Leiter der Versuchs- und Beratungsstation für Obst- und Gemüsebau in Langförden Rudolf Faby merkte darüber hinaus dazu an: ,,Das kann zu einer Wachstumsbremse in einem sich dynamisch entwickelnden Wirtschaftszweig werden".[116] Die Produktionsausweitungen, die die deutsche Landwirtschaft in den letzten Jahrzehnten erfahren hat, wären ohne den Saisonarbeitereinsatz nicht möglich gewesen.

---

[116] FABY (2005) in Die Welt

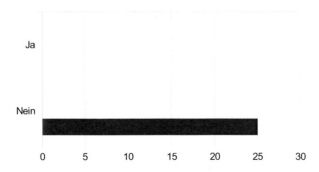

Abbildung 20: **Aufrechterhaltung der Wettbewerbsfähigkeit ohne Saisonarbeiter**

Quelle: Eigene Befragung

Eine weitere Möglichkeit der Saisonarbeiterbeschäftigung auszuweichen, wäre, zu mindestens in der Theorie, die Ausweitung des maschinellen Einsatzes in den Betrieben. Diese Möglichkeit wurde allerdings ebenfalls von allen befragten Betrieben in den hier durchgeführten Untersuchungen verneint. Die Frage hierzu lautete: Könnten Sie fehlende Saisonarbeitskräfte durch maschinellen Einsatz vollständig kompensieren? (vgl. dazu Abbildung 21).

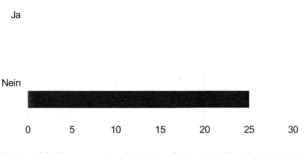

Abbildung 21: **Kompensation fehlender Saisonarbeiter durch masch. Einsatz**

Quelle: Eigene Befragung

Die Problematik hierbei liegt darin, dass für die zu verrichtenden Saisonarbeiten oftmals gar keine Maschinen existieren. Als Beispiel kann hier wieder die Weinlese angeführt werden. Für die Erntespitzen in den Steillagen wird eine hohe Anzahl an

Arbeitskräften benötigt. Für Steillagen sind aber entsprechende Erntemaschinen erst in der Entwicklung und die Kosten für einen solchen Einsatz würden gerade bei den Unternehmen der mittleren Betriebsgrößen die Erträge übersteigen.

9. Schluss

Die Saisonarbeiterbeschäftigung ist und bleibt in Deutschland nicht unumstritten. Wie in dieser Arbeit aufgezeigt wurde, befinden sich die Landwirte und Winzer in der Bundesrepublik Deutschland bei der Beschäftigung von Saisonarbeitnehmern häufig in Dilemma-Situationen. Auf der einen Seite scheinen die Arbeitgeber auf die Beschäftigung der Saisonarbeiter angewiesen zu sein, da die deutsche Landwirtschaft ohne diese Arbeitskräfte im Wettbewerb nicht bestehen könnte und einheimische Arbeitskräfte nicht zu finden sind; auch wenn dies aus arbeitsmarktpolitischen Gesichtspunkten kontraproduktiv erscheint wenn gleichzeitig auf dem deutschen Arbeitsmarkt arbeitslose Einheimische zur Verfügung stehen.[117] Auf der anderen Seite werden die Arbeitgeber häufig zum Gegenstand öffentlicher Kritik, insbesondere bei Vorwürfen zu fehlender Integration, zu geringen Lohnzahlungen, schlechten Arbeitsbedingungen, unzureichenden Unterbringungen und dem Ausnutzen der Saisonarbeiter-Situationen generell. Die für diese Arbeit durchgeführten Befragungen haben gezeigt, dass diese Vorurteile im Großen nur schwierig bzw. kaum haltbar sind. Die Saisonarbeiterbeschäftigung hat in den letzten Jahren eine Veränderung nach sich gezogen. Die Saisonarbeiter werden nicht mehr ausgenutzt und als reine Arbeitskraft, oder Mittel zum Zweck, gesehen. Viele der Saisonarbeiter sind, vor allem in den Familienbetrieben, fest integriert. Die landwirtschaftlichen Betriebe haben sich vermehrt zu modernen Unternehmen entwickelt, die um die Wichtigkeit einer ordentlichen Personalführung wissen. Die Zeiten von „Hunger-" oder „Dumpinglöhnen" scheinen der Vergangenheit anzuhören. Dies ist zum einen der Fall weil die Lohnzahlungen als arbeitsmotivierendes Instrument anzusehen sind und zum anderen weil Saisonarbeiter bei Dumping- bzw. Hungerlöhnen in besser bezahlte Branchen wie dem Baugewerbe oder in das Schaustellergewerbe abwandern würden. Auch die Unterbringungen der Saisonarbeiter haben sich verbessert. Die Zeiten in denen Gastarbeiter in minderwertigen Unterkünften leben sind vorbei. Die Arbeitgeber erkennen zum Großteil, dass eine menschenwürdige Wohnsituation eine der Grundlagen für die gemeinsame Arbeit darstellt. Eine weitere Grundlage für eine gute Zusammenarbeit ist ein respektvoller Umgang zwischen Arbeitgeber, der Saisonarbeitskraft und den inländischen Kollegen. In allen befragten Betrieben wurde den Saisonarbeitern der nötige Respekt entgegengebracht. Vorurteile, Stereotypen und Diskriminierungen konnten in den durchgeführten Untersuchungen nicht festgestellt werden. Des Weiteren konnte keine Überbeanspruchung der Arbeitszeiten festge-

---

[117] Vgl. DIETZ (2004), S. 29

stellt werden. Den Saisonarbeitern werden hinreichende Pausen gegönnt und die Arbeitszeiten liegen in aller Regel unter 50 Stunden pro Woche.

Die Befragungen bestätigen abschließend schließlich, dass die Nachfrage der landwirtschaftlichen Betriebe nach Arbeitskräften auf dem deutschen Arbeitsmarkt nicht gedeckt werden kann. Alle Anstrengungen, die in der Vergangenheit in diesem Zusammenhang von der Bundesregierung erbracht wurden, haben nicht zum gewünschten Erfolg geführt, deutsche Arbeitslose für die Saisonarbeit zu motivieren. Ob hier politische Aktivitäten in Zukunft zum Ziel führen könnten, erscheint in diesem Zusammenhang fraglich. Selbst Lohnerhöhungen, die aus Sicht der Landwirte kaum realisierbar sind, würden vermutlich nur wenige Einheimische zur Arbeit motivieren, da die schwierige Arbeit an sich im Verhältnis zu den gezahlten Sozialleistungen anscheinend keine Alternative darstellt. Darüber hinaus kommt es vermutlich auch nicht zu einer Verdrängung einheimischer Arbeitskräfte durch Saisonarbeiter. Die Saisonarbeiter füllen lediglich Lücken in den Wertschöpfungsketten der Unternehmen aus, die ohne diese nicht kompensiert werden könnten. Dort wo von Einheimischen keine Arbeitsplätze nachgefragt werden, können auch durch ausländische Arbeiter keine verdrängt werden. Darüber hinaus werden durch die EU-Erweiterungen und die Arbeitnehmerfreizügigkeit meines Erachtens Wanderbewegungen nicht abnehmen, sondern ganz im Gegenteil weiterhin verstärkt zunehmen. Saisonarbeiter werden nicht nur für die Landwirtschaft sinnvolle Alternativen darstellen, sondern auch für andere Branchen. Hier gilt es dann seitens der EU und der Bundesregierung weiterhin zu überprüfen, inwiefern moralische Aspekte, wie Arbeitsschutzbestimmungen, eingehalten werden.

Es lässt sich abschließend festhalten, dass sich die deutsche Landwirtschaft glücklich schätzen kann auf ausländische Saisonarbeiter zurückgreifen zu können. Ohne die vielen Wanderer aus den östlichen Nachbarländern könnte die deutsche Landwirtschafts-Produktion in dem heutigen Maße nicht aufrechterhalten werden und ein ganzer Wirtschaftszweig geriete in Existenznöte. Die landwirtschaftlichen Betriebe scheinen um diese Situation zu wissen und gehen, nicht nur deshalb, menschenunwürdig und respektvoll mit den Saisonarbeitern um.

Literaturverzeichnis

AMT FÜR STATISTIK BERLIN-BRANDENBURG (2012): Melderechtlich registrierte Einwohnerinnen und Einwohner am Ort der Hauptwohnung in Berlin am 30.06.2012. http://www.berlin.de/imperia/md/content/baneukoelln/bbmbbvv/einwohner_in_ne uk__lln_30.06.2012.pdf? start&ts=1345110291&file=einwohner_in_neuk__lln_30.06.2012.pdf, Download am 22.10.2012

AUMÜLLER, JUTTA (2009): Assimilation, Kontroversen um ein migrationspolitisches Konzept, Bielefeld: transcript Verlag, S.118

BAUER, THOMAS (2000): *[Artikel]* Arbeitsmarkteffekt der Zuwanderung nach Deutschland in Wochenbericht des DIW Berlin 21/00. http://www.diw.de/sixcms/detail.php/286188#FN2, Download am 28.08.2012

BAUERN-UND WINZERVERBAND RHEINLAND-NASSAU (2011): Osteuropäische Saisonarbeitskräfte - Änderungen ab 2011: Merkblatt zur Beschäftigung von Saisonarbeitnehmern.http://www.bwv-net.de/kategorie1/00000096ec0c7b620/5399319e630ccf605/5399319e630cd110 9.html, Download am 23.08.2012

BASTGEN, MARKUS (2012): *[Interview]* eigens durchgeführtes Interview zum Moselweinbau mit einem Winzermeister und Weinbautechniker

BECKER, JÖRG (2010): Erdbeerpflücker, Spargelstecher, Erntehelfer. Polnische Saisonarbeiter in Deutschland – temporäre Arbeitsmigration im neuen Europa, Bielefeld: transcript Verlag, S. 22-26, S.28-29, S. 33-34, S.136-137, S.128-129, S.132

BORRELLI, MICHELE (1973): Zur Situation der ausländischen Arbeitnehmer in der Bundesrepublik Deutschland in Borrelli, Michele / Spremberg, Bärbel / Spremberg, Werner (1973): Minderheiten in der Bundesrepublik: Das Beispiel > Gastarbeiter <, Stuttgart: J.B. Metzlersche Verlagsbuchhandlung, S. 14 u. S.17

BUNDESAGENTUR FÜR ARBEIT- ZENTRALE AUSLANDS UND FACHVERMITTLUNG (2011): Beschäftigung in Deutschland - Saisonarbeitnehmer / Schaustellergehilfen. http://www.arbeitsagentur.de/nn_655192/Dienststellen/besondere-Dst/ZAV/arbeit/arbeiten-deutschland/deutschland-saison-schausteller.html, Download am 12.09.2012

BUNDESAGENTUR FÜR ARBEIT- ZENTRALE AUSLANDS- UND FACHVERMITTLUNG (2012): Statistiken über Arbeitserlaubnisverfahren für ausländische Saisonarbeitnehmer

BUNDESREGIERUNG (2011): Arbeitnehmerfreizügigkeit – Fragen und Antworten vom 20.04.2011. http://www.bundesregierung.de/Content/DE/Artikel/2011/04/2011-04-20-freizuegigkeit-fragen-und-antworten.html, Download am 20.09.2012

BÜRKNER, HANS-JOACHIM (1987): Die soziale und sozialräumliche Situation türkischer Migranten in Göttingen, Saarbrücken: Fort Lauderdale (Schriften des Instituts für Entwicklungsforschung, Wirtschafts- und Sozialplanung GmbH), S.40

DALLDORF, LEA (2007): Die geschichtliche Entwicklung der (Nicht)Integration, Der Umgang mit Flüchtlingen, "Gastarbeitern", "Asylanten", Ausländer von 1945 bis heute, Norderstedt: Grin Verlag, S.16

DIETZ, BARBARA (2004): *[Working Papers]* Gibt es eine Alternative? Zur Beschäftigung polnischer Saisonarbeitnehmer in Deutschland in Arbeiten aus dem dem Osteuropa-Institut München (Wirtschaftswissenschaftliche Abteilung), München: Osteuropa-Institut, S. VII, S.2, S.8, S. 12-14

DIETZ, BARBARA (2007): Die Integration mittel- und osteuropäischer Zuwanderer in den deutschen Arbeitsmarkt in Nowicka, Magdalena (Hg.) (2007): Von Polen nach Deutschland und zurück. Die Arbeitsmigration und ihre Herausforderungen für Europa, Bielefeld: transcript Verlag, S. 27 u. S. 29

ESSER, HARTMUT (1980): Aspekte der Wanderungssoziologie. Assimilation und Integration von Wanderern, ethnischen Gruppen und Minderheiten. Eine handlungstheoretische Analyse, Neuwied / Darmstadt: Hermann Luchterhand Verlag GmbH, S.211

ESSER, HARTMUT (1980): Aspekte der Wanderungssoziologie. Assimilation und Integration von Wanderern, ethnischen Gruppen und Minderheiten. Eine handlungstheoretische Analyse in Becker, Jörg (2010): Erdbeerpflücker, Spargelstecher, Erntehelfer. Polnische Saisonarbeiter in Deutschland – temporäre Arbeitsmigration im neuen Europa, S.25-26

FABY, RUDOLF (2005): *[Artikel]* Landwirte empört über Saisonarbeiter-Pläne in Die Welt vom 22.12.2005. http://www.welt.de/print-welt/article185916/Landwirte-em poert-ueber-Saisonarbeiter-Plaene.html, Download am 01.10.2012

GAUGLER, EDUARD UND WEBER, WOLFGANG (1987): Integration ausländischer Arbeit nehmer in deutschen Industriebetrieben in Reimann, Helga und Reimann, Horst (Hg.) (1987): Gastarbeiter. Analyse und Perspektiven eines sozialen Problems, Opladen: Westdeutscher Verlag GmbH, S.117-118

HECKMANN, FRIEDRICH (1981): Die Bundesrepublik: Ein Einwanderungsland? Zur Soziologie der Gastarbeiter als Einwandererminorität in Becker, Jörg (2010): Erdbeerpflücker, Spargelstecher, Erntehelfer. Polnische Saisonarbeiter in Deutschland – temporäre Arbeitsmigration im neuen Europa, S.35

HEINRICH, SEBASTIAN (2005): "Gastarbeiter" in BRD und DDR. Wohn- und Arbeitsbedingungen im Vergleich, Norderstedt: Grin Verlag, S.10

HERBERT, ULRICH (2001): Geschichte der Ausländerpolitik in Deutschland. Saisonarbeiter, Zwangsarbeiter, Gastarbeiter, Flüchtlinge, München: C.H. Beck oHG, S.14-16, S.37-38, S.86, S.88-89, S.92, S.99, S.104, S.118-119, S.124-125, S.130-132, S.145, S.224-225, S.232-233, S. 273-274, S.294

HIRZEL, JOACHIM (2011): *[Artikel]* Wirtschaft: Die Gehaltsliste in Focus Money vom 17.01.2011. http://www.focus.de/finanzen/karriere/berufsleben/wirtschaft-die-gehaltsliste_aid_590986.html, Download am 27.08.2012

HOFFMANN-NOWOTNY (1970): Migration- ein Beitrag zu einer soziologischen Erklärung, Stuttgart: Enke, S.36

HOFFMANN-NOWOTNY (1970): Migration- ein Beitrag zu einer soziologischen Erklärung, in Becker, Jörg (2010): Erdbeerpflücker, Spargelstecher, Erntehelder. Polnische Saisonarbeiter in Deutschland – temporäre Arbeitsmigration im neuen Europa, S.30-31

HOFFMANN-NOWOTNY (1990): Integration, Assimilation und plurale Gesellschaft. Konzeptuelle, theoretische und praktische Überlegungen in Becker, Jörg (2010): Erdbeerpflücker, Spargelstecher, Erntehelfer. Polnische Saisonarbeiter in Deutschland – temporäre Arbeitsmigration im neuen Europa, S.30

HÖNEKOPP, ELMAR (2007): Polnische Arbeitsmigranten auf dem Arbeitsmarkt in Deutschland zwei Jahre nach der Erweiterung in Nowicka, Magdalena (Hg.) (2007): Von Polen nach Deutschland und zurück. Die Arbeitsmigration und ihre Herausforderungen für Europa, Bielefeld: transcript Verlag, S. 48, S. 50

JONCZY, ROMUALD (2007): Einfluss der Auslandsmigration auf die Disharmonie der wirtschaftlichen Entwicklung in der Woiwodschaft Oppeln in Nowicka, Magdalena (Hg.) (2007): Von Polen nach Deutschland und zurück. Die Arbeitsmigration und ihre Herausforderungen für Europa, Bielefeld: transcript Verlag, S. 275-276

KACZMARCZYK PAWEL / OKOLSKI MAREK (2002): From Net Emigration to Net Immigration-Socio-economic Aspects of International Population Movements in Poland in Rotte, Ralph u. Stein, Peter (Hg.) (2002): Migration policy and the economy: International experiences, Neuried: ars et unitas Verlag, p.328

Kushutani, Rexhep (2007): Problemfelder der Integration und Lösungsmöglichkeiten, Norderstedt: Grin Verlag, S.2

Kulbe, Annette (2009): Grundwissen Psychologie, Soziologie und Pädagogik, Stuttgart: W. Kohlhammer GmbH, S.113

Kühl, Jürgen (1987): Zur Bedeutung der Ausländerbeschäftigung für die Bundesrepublik Deutschland in Reimann, Helga und Reimann, Horst (Hg.) (1987): Gastarbeiter. Analyse und Perspektiven eines sozialen Problems, Opladen: Westdeutscher Verlag GmbH, S.21 u. S.26-27

Kremm, Werner (2012): *[Artikel]* Vor dem Referendum in Rumänien. Putsch per Stimmzettel in Der Tagesspiegel vom 28.07.2012. http://www.tagesspiegel.de/politik/vor-dem-referendum-in-rumaenien-was-man-dem-praesidenten-veruebelt/6931276-2.html, Download am 01.10.2012

Ministerium für Wirtschaft, Verkehr, Landwirtschaft und Weinbau Rheinland-Pfalz (2010): Weinwirtschaftsbericht 2010, Mainz: Ministerium für Wirtschaft, Verkehr, Landwirtschaft und Weinbau Rheinland-Pfalz, S.16-18 u. S.68

Opielka, Jan (2011): *[Artikel]* Polen: Bildung statt Billiglohn in diePresse.com vom 10.04.2011.http://diepresse.com/home/wirtschaft/eastconomist/649242/Polen_Bildung-statt-Billiglohn, Download am 16.08.2012

Peters, Sönke / Brühl, Rolf / Stelling, Johannes N. (2005): Betriebswirtschaftslehre, München/Wien: R. Oldenbourg Verlag, S.122-123

Pries, Ludger (2007): Migration und transnationale Inkorporation in Europa in Nowicka, Magdalena (Hg.) (2007): Von Polen nach Deutschland und zurück. Die Arbeitsmigration und ihre Herausforderungen für Europa, Bielefeld: transcript Verlag, S.110-112

Redfield, Robert / Linton, Ralph / Herskovits, Melville J. (1936): Memorandum for the Study of Acculturation in Stocking, George W. Jr. (Hg.) (1976): American Anthropology, 1921-1945, Madison: University of Wisconsin press, p. 258

Reimann, Helga (1987): Die Wohnsituation der Gastarbeiter in Reimann, Helga und Reimann, Horst (1987): Gastarbeiter. Analyse und Perspektiven eines sozialen Problems, Opladen: Westdeutscher Verlag GmbH, S.175-178

Rinne, Ulf und Zimmermann, Klaus F. (2009): Fünf Jahre EU-Osterweiterung: Schlechte Noten für deutsche Abschottungspolitik, Bonn: IZA, S.9

Rohmann, Anette (2003): Akkulturation von statusgleichen Gruppen – Eine sozialpsychologische Analyse am Beispiel der Deutschen und Franzosen in der Europäischen Union, Norderstedt: Books on Demand, S.13

SABIC, MERIMA (2006): Integration, Assimilation, Akkulturation und Entkulturation – Verwendung der Begriffe in der Migrationsforschung, Norderstedt: Grin Verlag, S.4

SCHRETTENBRUNNER, HELMUT (1971): Gastarbeiter, ein europäisches Problem aus Sicht der Herkunftsländer und der Bundesrepublik Deutschland in Puls, Willi Walter (Hg.) (1971): Themen zur Geogrpahie und Gemeinschaftskunde, Frankfurt am Main/ Berlin/ München: Moritz Diesterweg Verlag, S.19-23, S. 44 u. S.69

SPAHN, ARNDT (1999): *[Workshop - Artikel]* Saisonarbeit in der Landwirtschaft in Migration und prekäre Beschäftigung in DGB Bildungszentrum (1999): Migration und prekäre Beschäftigung, S. 44-46, S.48

STATISTISCHES BUNDESAMT (2012): Staat & Gesellschaft – Ausländische Bevölkerung im Jahr 2011 deutlich angestiegen. https://www.destatis.de/DE/ZahlenFakten/GesellschaftStaat/Bevoelkerung/MigrationIntegration/AuslaendischeBevolkerung/Aktuell.html, Download am 01.10.2012

STATISTISCHES BUNDESAMT (2010): Staat & Gesellschaft – Einkommen, Einnahmen & Ausgaben. https://www.destatis.de/DE/ZahlenFakten/GesellschaftStaat/EinkommenKonsumLebensbedingungen/EinkommenEinnahmenAusgaben/Aktuell_Bruttoeinkommen.html, Download am 16.08.2012

STEIER, SONJA (2011): *[Artikel]* Informationen zur politischen Bildung: Polen in Bundeszentrale für politische Bildung, S.52

SÜDDEUTSCHE.DE (2005): *[Artikel]* Arbeitsmarkt: Arbeitslose statt polnische Erntehelfer in Süddeutsche.de vom 17.05.2010. http://www.sueddeutsche.de/politik/arbeitsmarkt-arbeitslose-statt-polnische-erntehelfer-1.416206, Download am 01.10.2012

THYM, DANIEL (2010): Migrationsverwaltungsrecht, Tübingen: Mohr Siebeck, S.272

TÖPFER, ARMIN (2005): Betriebswirtschaftslehre – Anwendungs- und prozessorientierte Grundlagen, Berlin/Heidelberg/New York: Springer Verlag, S.78

TREIBEL, ANNETTE (1990): Migration in modernen Gesellschaften, Soziale Folgen von Einwanderung, Gastarbeit und Flucht, Weinheim/München: Juventa Verlag S.116

WOLBECK, BARBARA (2012): *[Artikel]* Ausländische Saisonarbeitskräfte: Sozialversicherungsrecht in Die Winzer-Zeitschrift , S.7

YINGER, MILTON J. (1981): Toward a Theory of Assimilation and Dissimilation in Ethnic and Racial Studies, Band 4, Nr.3, p 249-264